U0899621

书在版编目(CIP)数据

子公司距离、盈余管理与公司效率研究/李彬著.
西安:西安交通大学出版社,2017.8(2018.8重印)
SBN 978-7-5693-0021-5

Ⅰ.①母… Ⅱ.①李… Ⅲ.①母子公司-企业管理-
研究 Ⅳ.①F276.6

中国版本图书馆CIP数据核字(2017)第211630号

书　　名　母子公司距离、盈余管理与公司效率研究
著　　者　李　彬
责任编辑　史菲菲

出版发行　西安交通大学出版社
(西安市兴庆南路10号　邮政编码710049)
网　　址　http://www.xjtupress.com
电　　话　(029)82668357　82667874(发行中心)
(029)82668315(总编办)
传　　真　(029)82668280
印　　刷　北京虎彩文化传播有限公司

开　　本　700mm×1000mm　1/16　印张　9.375　字数　173千字
版次印次　2017年9月第1版　2018年8月第2次印刷
书　　号　ISBN 978-7-5693-0021-5
定　　价　60.00元

读者购书、书店添货,如发现印装质量问题,请与本社发行中心联系、调换。
订购热线:(029)82665248　(029)82665249
投稿热线:(029)82668133
读者信箱:xj_rwjg@126.com

国家自然科学基金（71572144）和中国博士后科学基金（2

"十三五"学术文库系列

母子公司距离、盈余管理与公司效率

PARENT-SUBSIDIARY DISTANCE，EARNI
MANAGEMENT AND CORPORATE EFFICIEN

李　彬 著

图书在版编目(CIP)数据

母子公司距离、盈余管理与公司效率研究/李彬著.
—西安:西安交通大学出版社,2017.8(2018.8重印)
ISBN 978-7-5693-0021-5

Ⅰ.①母… Ⅱ.①李… Ⅲ.①母子公司-企业管理-研究 Ⅳ.①F276.6

中国版本图书馆CIP数据核字(2017)第211630号

书　　名 母子公司距离、盈余管理与公司效率研究
著　　者 李　彬
责任编辑 史菲菲

出版发行 西安交通大学出版社
(西安市兴庆南路10号　邮政编码710049)
网　　址 http://www.xjtupress.com
电　　话 (029)82668357　82667874(发行中心)
(029)82668315(总编办)
传　　真 (029)82668280
印　　刷 北京虎彩文化传播有限公司

开　　本 700mm×1000mm　1/16　**印张** 9.375　**字数** 173千字
版次印次 2017年9月第1版　2018年8月第2次印刷
书　　号 ISBN 978-7-5693-0021-5
定　　价 60.00元

读者购书、书店添货,如发现印装质量问题,请与本社发行中心联系、调换。
订购热线:(029)82665248　(029)82665249
投稿热线:(029)82668133
读者信箱:xj_rwjg@126.com

国家自然科学基金（71572144）和中国博士后科学基金（2014M550505，2015T81041）资助出版

"十三五"学术文库系列

母子公司距离、盈余管理与公司效率研究

PARENT-SUBSIDIARY DISTANCE, EARNINGS MANAGEMENT AND CORPORATE EFFICIENCY

李　彬 著

西安交通大学出版社
XI'AN JIAOTONG UNIVERSITY PRESS

序言

上市公司的财务报告是以母子公司合并报表为基础的。已有研究通常以上市公司整体层面为研究基础探讨盈余管理问题，潜在假定了母子公司在地理空间和制度环境上是同质的。然而，母子公司地理空间和制度环境的距离对信息不对称和代理成本的影响是不容忽视的，这将作用到上市公司的盈余管理和公司效率上。本书以母子公司地理空间距离和制度环境距离为研究视角，运用逻辑推演和数理统计分析等定性研究和定量研究相结合的方法，探讨母子公司距离与上市公司盈余管理的关系及其对公司效率的影响。通过对相关理论的归纳和分析，本书构建了母子公司距离、盈余管理和公司效率关系的理论研究模型，并以我国上市公司为研究对象，运用实证分析方法对此模型进行了检验。实证结果表明，本书提出的模型基本得到了验证，大部分假设获得了通过，得出了母子公司距离对上市公司盈余管理具有显著的正向影响，母子公司距离对上市公司的公司效率具有显著的负向影响，实际活动盈余管理有损于公司效率的结论。总体而言，本书达到了预期的研究目的，对深化和拓展盈余管理研究具有一定的理论和现实意义。

与现有的盈余管理研究相比，本书的创新性工作主要体现在以下几个方面：

第一，构建母子公司距离、盈余管理与公司效率的关系模型。上市公司盈余管理和公司效率研究一直是理论界所关注的重要问题，但是已有的研究往往以公司特征、高管异质性和公司内部治理机制为研究切入点，基于企业集团层面探讨盈余管理及其经济后果问题，较少从经济地理学和制度经济学的角度分析母子公司在地理空间和制度环境上的差异对上市公司盈余管理的影响。本书通过构建母子公司距离、盈余管理与公司效率的关系模型，系统研究母子公司地理空间距离、制度环境距离对盈余管理和公司效率的影响，分别从应计项目盈余管理和实际活动盈余管理反映盈余管理的内容，揭示母子公司距离和盈余管理对公司效率的影响。在一定程度上，本书丰富和拓宽了相关研究的内容和方向，有利于地理经济学和制度经济学的研究视角由宏观经济层面向微观企业层面转变，有利于盈余管理研究内容的深化和拓展，有利于经济后果的研究范围向投入产出效率过渡。

第二，发现并验证母子公司距离对盈余管理和公司效率的影响。距离既是地理学的一个分支学科，也是经济学中一个不断成长的研究领域。已有的距离研究主要侧重于区域技术创新和产业集群创新等宏观经济层面的内容，对微观企业层面的研究较为匮乏。本书基于地理空间和制度环境两个维度解析距离，将经济地理学和制度经济学向微观企业层面扩展，探讨母子公司距离对盈余管理和公司效率的作用机理，揭示母子公司距离与盈余管理、公司效率的逻辑关系，并以中国上市公司为研究对象，获得母子公司距离对上市公司决策行为产生影响的经验证据，为多元化溢价或多元化折价提供新的佐证。本书不仅有利于增加盈余管理和公司效率影响因素的范畴，而且有利于距离的研究向微观企业层面拓展，丰富公司地理学的研究内容。

第三，扩充盈余管理的识别范围，提升度量准确性。已有的研究往往侧重于应计项目盈余管理，忽视了实际活动盈余管理的内容。本书将实际活动盈余管理纳入盈余管理的研究范围，基于应计项目盈余管理和实际活动盈余管理的双维度视角，度量上市公司盈余管理；在度量应计项目盈余管理程度时，已有研究通常是以经营活动现金流量不会被操纵的假定为基础的，完全忽略了实际活动盈余管理对经营活动现金流量产生的影响，使得应计项目盈余管理的计量基础发生了动摇。本书对应计利润分离法的基本思想和原理进行追根溯源，考虑实际活动盈余管理对经营活动现金流量所产生的影响，构建数理模型，提升应计项目盈余管理的度量精度。本书不仅有助于弥补会计盈余质量识别维度单一化的研究不足，而且有利于完善应计项目盈余管理测度模型，提升盈余管理识别的全面性和度量的准确性。

第四，拓展盈余管理经济后果的研究维度。已有的盈余管理经济后果的研究往往侧重于从财务管理学的角度揭示盈余管理对融资效率、投资效率和经营效率的影响，较少涉及经济学层面投入产出效率的内容，使得盈余管理经济后果的研究维度具有明显的狭隘性。本书基于管理学和经济学的交叉和融合，从投入产出效率反映公司效率的内容，探讨不同的盈余管理方式对公司效率产生的作用，回答在投入产出效率背景下盈余管理对公司效率是否存在影响，以期为财务报告质量经济后果的研究提供新的维度和素材。

本书是笔者主持的国家自然科学基金“母子公司距离、财务报告质量与资源配置效率”(编号:71572144)和中国博士后科学基金项目“母子公司距离、会计信息质量与公司效率”(编号:2014M550505)以及中国博士后科学基金项目(编号:2015T81041)的阶段性研究成果。特别感谢我的博士生导师西安交通大学管理学院张俊瑞教授和我的博士后指导老师西安交通大学管理学院郭菊娥教授。

著者

2017.7

目录

第1章

绪　论

本书从母子公司距离的角度探讨中国上市公司盈余管理及其对公司效率的影响问题。本章首先总结了国内外理论界和实务界关于母子公司距离、盈余管理与公司效率研究的近况，然后针对目前对上市公司盈余管理存在的问题和理论研究方面的现状，提出了本书研究的主要问题、内容和框架。

1.1 实践背景

1.1.1 盈余信息的重要性与现状

经过十几年的发展，我国资本市场取得了巨大的发展。自从 1990 年我国在深圳和上海分别设立了证券交易所，上市公司数量逐年在增长，截至 2015 年年底境内上市公司已达 2827 家，股票市价总值达到 53.13 万亿元，反映了我国股票市场规模不断扩大，经历了从无到有、从小到大的发展过程，其市场运作效率和上市公司质量显著地提高。图 1-1 反映了 1998—2015 年我国上市公司在深圳和上海证券交易所的数量变化情况。可见我国股票市场已成为企业融资的一个重要渠道，为我国上市公司平稳、快速、健康地发展提供了强大的资金支持。

由于历史原因，中国上市公司大多数是由国有企业经过股份制改造而来的，股份制改造所产生的国有股权事实上处于暂不上市流通的状态，同时其他公开发行前由各种原因形成的社会法人股、自然人股等非国有股权也被作出暂不流通的安排，造成原始股份是否可流通被划分为非流通股和流通股，这在事实上形成了中国上市公司股权分置的格局。作为历史原因而造成的制度性缺陷，股权分置状况已成为制约中国证券市场发展的一个瓶颈，制约了我国资本市场的规范发展和国有资产管理体制的根本性变革。2005 年 4 月 29 日，中国证监会发布了《关于上市公

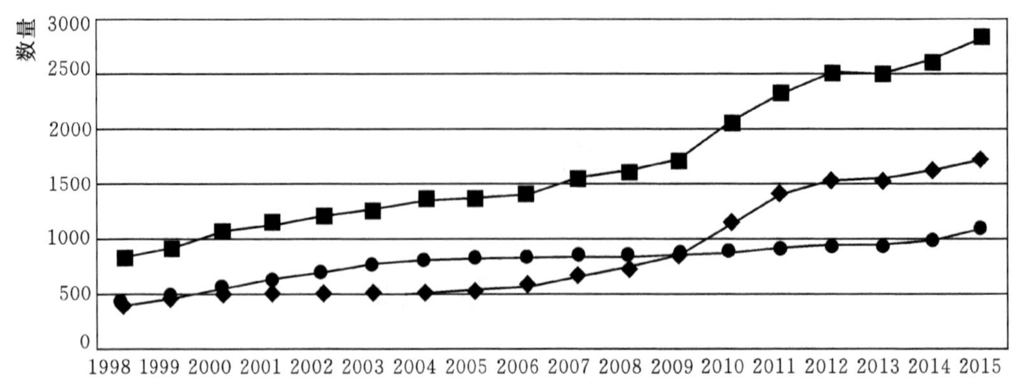

图 1-1 1998—2015 年我国上市公司数量情况表

资料来源:根据中国证券交易监督管理委员会网站数据整理.

司股权分置改革试点有关问题的通知》,正式拉开了中国上市公司股权分置改革的序幕。股权分置改革有利于我国资本市场向有价值判断、价值重估的方向转变,资本市场不再是控股股东提款机的角色,而是与我国宏观经济形势紧密相连,渐渐凸显了国民经济晴雨表的作用。

随着我国经济的持续增长以及股权分置改革的完成,我国资本市场进入了快速发展阶段,我国股票市场投资价值的意义越来越大,激发了投资者的投资热情。我国股票市场的巨大变化使得会计信息的决策有用性大为凸显。会计信息不仅能够考核上市公司管理人员的经济责任履行情况、加强经营管理、提高经济效益,而且能够帮助投资者了解上市公司的财务状况、经营成果和现金流量情况,并据以作出经济决策、进行投资管理。会计信息成为投资者关注的重要内容之一,也是进行投资决策的重要参考依据。上市公司的会计信息是当前经营成果的反映,直接影响到投资者对公司未来会计盈余的判断,它是预见公司未来发展前景的基础。由于上市公司的会计信息不仅具有一定的信息含量、对股票的价格产生影响,而且会计信息也是契约订立及维系、薪酬高低和市场监管的重要参照依据,因此利益相关者对其极其敏感,往往成为公司管理当局操控和调整的对象。

我国上市公司中会计信息操控现象日益普遍,会计信息失真的问题也越来越严重,出现了琼民源、红光实业、郑百文、银广夏和蓝田股份等会计丑闻事件,上述公司均存在着粉饰或包装财务报告的行为。国外上市公司也存在类似的情况。21世纪初,美国的安然公司(Enron Corp)、世通公司(World Com)和施乐公司(Xerox)先后被证实虚增销售收入和抬升利润的行为。前美国证券交易委员会主席Levitt 在 1997 年 9 月 29 日发表了一篇《高质量会计准则的重要性》的演讲,抨击了美国上市公司利用巨额冲销、收入确认、并购等手段进行会计信息粉饰行为，并指出上市公司的会计信息操纵行为已经演化为市场参与者的游戏，盈余信息受到侵蚀，挫伤投资者的信心[1]。上市公司的信息操纵行为使得会计信息成为一种“数字游戏”，误导了投资者的投资决策，阻碍了资本市场对资源的优化配置，不利于资本市场的健康有序发展。如何提升上市公司盈余信息，保护投资者和其他利益相关者的利益成为我国资本市场发展面临的严峻挑战。

1.1.2 盈余管理的监管和尴尬

上市公司的盈余管理问题引起了政府和相关监管部门的高度关注。随着我国证券市场容量的不断扩大，证券市场法制建设得到逐步加强，初步形成了全国统一的证券市场法规体系，对上市公司的经营行为进行了规范。我国制定和颁布了《中华人民共和国公司法》《中华人民共和国证券法》《证券公司监督管理条例》等一系列法律、法规，促进了我国证券市场逐步走向了法制化的轨道，形成了“有法可依”“有法必依”的局面，从法律层面上规范了证券市场，广大投资者的利益得到了较好的保护。同时，我国也采取了一系列措施加强对会计工作的监管，提升盈余信息质量。我国具体会计准则的颁布和实施的目的之一就是针对公司管理当局的会计信息粉饰行为的。我国 1997 年颁布的《关联方关系及其交易的披露》是以 1996 年资本市场上出现的“琼民源事件”为背景的；1998 年颁布的《债务重组》则是以愈演愈烈的上市公司债务重组事件为基础的；2006 年 2 月 15 日，中华人民共和国财政部发布了包括 1 项基本准则和 38 项具体准则的新企业会计准则体系。新企业会计准则体系不仅强化了会计信息决策有用性要求，确立了资产负债表观的核心地位，而且强调盈余信息应当真实与公允兼具，突出了企业会计信息披露的充分性原则，在一定程度上，对上市公司会计信息操纵行为进行了遏制。例如新资产减值准则规定长期资产减值损失一经确认不得转回，等等，进一步压缩了上市公司利用应计项目调整盈余的空间。

在美国，鉴于美国上市公司和证券市场频繁爆发的财务丑闻，2002 年 7 月 25 日，美国众议院以 423 票赞成、3 票反对，参议院以 99 票全票赞成，并由布什总统签发了《萨班斯—奥克斯利法案》(Sarbanes-Oxley Act)，对加强审计监管、强化信息披露等作出了新的规定。该法案在会计职业监管、强化信息披露、证券市场监管等方面作出了新的规定，进一步加强了对上市公司的监管力度。这不仅标志着美国证券法律从披露转向实质性管制的转变，而且在一定程度上加大了上市公司利用应计项目操纵会计信息的难度。

众所周知，多元化经营是企业提升竞争力的重要战略选择。母子公司是多元化经营的产物，是企业发展到一定程度后出现的一种典型的、复杂的企业组织形式。不论在发达国家,还是在经济转型国家,母子公司已成为经济发展中最重要的推动主体,是发展最成熟、最具全球竞争力的一种组织制度。不容忽视的是,中国境内的广大市场形成了迥然不同的地理环境、经济发展、竞争规则及制度环境,中国经济学界认为这是市场分散性的体现。市场分散性不仅造成母子公司在地理空间分布的不同,而且使得母子公司所面临的政府干预、市场化水平和投资者保护等制度环境存在差异。上述分散性对信息不对称和委托代理问题的影响则是不容忽视的。例如,煊赫一时的"中科系"、"德隆系"和"格林柯尔系"的轰然倒下,凸显了地域经营的分散性和制度环境的差异性对信息不对称和委托代理关系的影响力(于左,2004;李钢等,2010)[2,3]。财务报告是企业获得协同效应和组合效益的集中反映,它包含了企业集团的财务状况、经营成果和现金流量等会计信息。中国财政部颁布的《企业会计准则第 33 号——合并财务报表》要求上市公司编制合并财务报表,目的是客观、公允地反映母公司和其全部子公司形成的企业集团会计信息。尽管信息技术的发展缩小了人类社会的时空间隔,但是地理空间因素和制度环境差异所造成的市场参与主体之间的信息不对称及委托代理问题不可能彻底消除(Kang 和 Kim,2008;Chen 等,2011;John 等,2011;Ghoul,2013)[4-7]。这将作用到管理层的决策和上市公司的协调与管控效力上,影响到盈余管理和公司效率。

通过对以上分析,我们发现在我国经济的持续增长以及股权分置改革完成的背景下,我国资本市场进入了快速发展阶段,上市公司面临着难得的发展机遇。但是,上市公司的盈余管理行为造成了会计信息的失真,不利于资本市场的健康发展和公司效率的改善和提升。尽管相关监管部门制定和颁布了旨在提升会计信息质量的法律、法规和规定,但是上市公司多元化经营加剧了母子公司在地理空间和制度环境上的差异,增加了母子公司信息不对称程度和代理问题,影响到上市公司盈余管理和公司效率。因此,探讨揭示母子公司地理空间距离和制度环境距离与上市公司盈余管理的关系及其对公司效率的影响就具有了非常重要的实践意义。

1.2 理论背景

面对现实中的问题,理论研究者们也在不断地探索。盈余管理问题是近二十年来研究的热点问题,也是实证会计研究的一个重要领域,而母子公司距离和公司效率的研究则稍显滞后,尚未引起学者们的广泛关注。

1.2.1 当前母子公司距离研究的主要内容

相对于硕果累累的盈余管理研究,母子公司距离的文献则寥若晨星、屈指可数。在知识经济蓬勃兴起的背景下,距离(distance)渐渐成为经济地理学、区域经济学和创新经济学等领域的热点问题。传统的距离主要指主体间要素传播和运输需要面对的地理空间距离(Torre 和 Rallet,2005)[8]。随着现代信息技术和经济全球化的迅猛发展,区域特征和制度环境日益成为研究过程中不容忽视的重要内容,学者们对距离的考察则由地理空间层面扩展到了制度环境等层面。地理空间距离(geographical spatial distance)指企业间空间距离的远近性,它反映了以目标企业为中心的区域内企业的空间离散程度。在很多研究中并没有明显地出现"地理空间距离"这一概念,而是用"地理距离"代替。尽管学者们对地理空间距离的表述不尽相同,但其本质都是指企业间空间距离的远近性。地理空间距离对企业创新、产业创新和区域创新具有重要影响,它是研究知识溢出的重要工具。制度环境距离(institutional environmental distance)指企业之间制度环境的差异性,反映了企业间所属区域制度背景的差异程度。已有研究从政府干预程度(Muttakin 等,2015;Cheng 和 Leung,2016;Liu,Luo 和 Tian,2016)[9-11]、市场化进程(Alves 和 Francisco,2015;An,Li 和 Yu,2016)[12,13]、金融发展水平(Rejeb 和 Boughrara,2013;Balmaceda 等,2014)[14,15]和投资者保护(O'Connor 和 Tan,2015)[16]等方面刻画制度环境,从宏观层面探讨制度环境对经济增长、技术创新和产业政策的作用机理,从微观层面揭示制度环境对公司价值和跨国公司战略选择的影响;其他距离包括文化和技术距离等内容,反映主体之间思想、行为模式的差异以及技术经验和知识的交流和转移的流畅程度。文化距离不仅从国家、民族等宏观层面考察文化差异程度,而且从微观组织层面考察企业文化的异同(Yildiz,2014;Lu,Plewa 和 Ho,2016)[17,18];技术距离则关注主体之间对新知识的消化和吸收能力(Nambisan,2013;Nicole,Sick 和 Leker,2015)[19,20]。

1.2.2 当前盈余管理研究的主要内容

盈余管理是公司管理当局利用职业判断,通过会计政策的选择或构造交易事项来对会计数据进行调整。盈余管理研究是学术界研究的重要议题,并取得了丰硕的成果。研究的内容包括盈余管理的条件、动机、方式、计量、制约因素和经济后果等。

1.盈余管理的条件

一般而言,契约摩擦(contracting frictions)和沟通摩擦(communication frictions)是盈余管理产生的条件。Schipper(1989)认为,盈余管理发生在特定的环境之中,如果委托人与代理人之间没有契约摩擦,而且他们之间的沟通顺畅并且完全透明,代理人没有有关企业的私有信息,盈余管理就不会发生[21]。

2.盈余管理的动机

盈余管理的动机一般可以划分为:资本市场动机、契约动机和监管动机(Healy和Wahlen,1999;Stlowy和Breton,2004;Jiang,2008;Nagata,2013;Kalgo等,2016;McGuinness,2016)[22-27]。资本市场动机包括股票发行动机和迎合财务预期动机。会计盈余信息是股票估价的重要参考依据。股票的价格随着会计盈余的增加而增加(Chaney和Lewis,1995;Chi和Gupta,2009;Kao,Wu和Yang,2009)[28-30];迎合或达到分析师的预测对于从事盈余管理的公司是非常重要的,因为这可以为公司带来高额的回报(Bartov,Givoly和Hayn,2002)[31]。相反,如果公司盈余没有达到分析师的盈余预测值,不仅有损公司声誉,而且公司股票价格也将显著下降,对公司管理当局的薪酬也会带来不利影响(Matsunaga和Park,2001)[32]。契约动机一般包括报酬契约、债务契约。一般而言,报酬契约明确了公司管理当局的报酬与企业盈利状况的正相关关系,二者在各个企业中的差异主要体现在比例系数上。因此,公司管理当局为了提升报酬水平,则有动机调整盈余,基于报酬契约的盈余管理动机就出现了(Healy,1985;Guidry,Leone和Rock,1999;Shuto,2007;Liu和Sun,2015;Duong和Evans,2016)[33-37]。公司管理当局为获取或延续债务契约,有动机管理盈余。通过调增盈余,企业可以降低债务契约的违约机率,降低筹资成本,这就是债务契约影响(Watts和Zimmerman,1986;Healy和Palepu,1990;Rashid等,2016)[38-40]。监管动机一般包括行业监管、上市公司资格监管。行业监管与会计收益直接相关,这就激发了公司管理当局应对行业监管而实施盈余管理的动机(Moyer,1990;Gill-de-Albornoz和Illueca,2005;Omonuk,2007;Casey,Kaplan和Pinello,2015)[41-44];我国证券监督管理委员会为了保证上市公司的质量,促进我国证券市场健康有序的发展,对上市公司的资格实施了较为严厉的监管。上市公司的特殊处理、退市要求都与公司的盈利水平息息相关。因此,上市公司存在着基于上市公司资格监管动机而管理盈余的动机(陆建桥,1999;蒋义宏,2002;吴联生、薄仙慧和王亚平,2007;刘烨和吕长江,2015;张子健、王伟和张雪华,2015;方军雄,2016)[45-50]。

3.盈余管理的方式

盈余管理的方式包括应计项目盈余管理和实际活动盈余管理。应计项目盈余管理是公司管理当局在会计准则允许的范围内,通过会计准则所保留的会计政策选择空间,对应计项目进行调节。一般情况下,应计项目盈余管理影响应计利润的数额和会计盈余在各个会计期间的分布,对现金流量的数额和盈余总额不会产生直接影响。实际活动盈余管理是公司管理当局通过构造经济业务交易事项或者调整业务交易的发生时间,进而调节盈余的行为。通常而言,实际活动盈余管理不仅改变了各个期间的盈余数额和现金流量,而且改变了盈余总额。应计项目盈余管理主要涉及以下几个方面管理盈余:①通过调整折旧计提方法和折旧年限,改变各年度折旧计提数额,影响各年度的应计项目,实现盈余管理的目的(Sweeney,

1994;Keating 和 Zimmerman,1999)[51,52];②推迟确认费用(Phillips,Pincus 和 Rego,2002;Dhaliwal,Gleason 和 Mills,2003;Xue 和 Hong,2016)[53-55];③调整存货计价方法(Hunt,Moyer 和 Shevlin,1996;Kinney 和 Wempe,2001)[56,57];④资产减值的计提和转回。企业出于各种盈余管理动机,普遍存在着利用资产减值管理盈余的行为(Hsieh 和 Wu,2006;Duh,Lee 和 Lin,2009;代冰彬、陆正飞和张然,2007;Andrews,2012;Laskaridou 和 Vazakidis,2013)[58-62]。实际活动盈余管理主要包括以下几个方面管理盈余:①费用操控。公司管理当局有意调整研发费用(R&D)、广告费用和员工培训费用等开支,实现操控盈余的目的(Roychowdhury,2006;李彬和张俊瑞,2009;Campa 和 Hajbaba,2016)[63-65]。②销售操控。销售操控就是适时性地加大价格折扣或放宽信用条件扩大销售、促进盈余提高(Graham,Harvey 和 Rajgopal,2005;Kouaib 和 Jarboui,2016)[66,67]。③生产操控。生产操控就是企业通过利用规模效应,大量生产产品降低单位产品成本,提高收益(Gunny,2005;Cook,Huston 和 Kinney,2007;Li,Tseng 和 Chen,2016)[68-70]。④出售固定资产和证券投资等(Eldenburg,Gunny 和 Hee 等,2007;Liao 和 Lin,2016)[71,72]。⑤股票回购。通过股票回购,减少流通在外的股票数额,提高每股盈余(Badrinath,Ferling 和 Varaiya,2001;Graham,Harvey 和 Rajgopal,2005;Sun 和 Liu,2016)[66,73,74]。

4. 盈余管理的计量

盈余管理的计量方法主要包括应计利润法、具体项目法和盈余分布法。应计利润法的基本思想就是把应计利润划分为可操控性应计利润和不可操控性应计利润,并用可操控性应计利润衡量盈余管理程度(Jones,1991;Dechow,Sloan 和 Sweeney,1995;Kothari,Leone 和 Wasley,2005;Campa 和 Camacho,2015)[75-78]。具体项目法也称为特定应计利润模型,它是针对一个或一些特定的具体项目构建估算模型,度量盈余管理水平。具体项目法主要运用于探测特定行业的某些具体应计项目的盈余管理行为(McNichols 和 Wilson,1988;Shrieves 和 Dahl,2003;Shen,Luo 和 Huang,2015)[79-81]。盈余分布法的基本思想是以样本公司的盈余分布为调查对象,而不是估计每个样本公司盈余管理的程度,通过观察盈余分布在阈值点左右的连续性,直观判断盈余管理行为的存在性(Burgstahler 和 Dichev,1997;Liao 和 Lin,2016)[72,82]。

5. 盈余管理的制约

国内外学者尝试着探索盈余管理的制约因素,为规避公司管理当局的盈余管理行为提供理论支持和实务支撑。学者们主要是从公司治理(Fan 和 Wong,2002;Peasnell,Pope 和 Young,2005;Mulyadi 和 Anwar,2015;Riwayati,Markonah 和 Siladjaja,2016)[83-86]、外部审计(Francis 和 Krishnan,1999;李维安、王新汉和王威，2004；Libby，Rennekamp 和 Seybert，2015；Bryan 和 Mason，2016）[87-90]和会计准则（Ewert 和 Wagenhofer，2005；王建新，2007；Fornaro 和 Huang，2012）[91-93]等方面进行了相关研究。

6. 盈余管理的经济后果

在已有的研究中，学者们侧重于应计项目盈余管理的经济后果研究，主要集中在首次公开发行股票和股权再融资过程中盈余管理的经济后果方面（Teoh，Welch 和 Wong，1998；Chen 和 Yuan，2004；陆正飞和魏涛，2006；McGuinness，2016）[27，94-96]。而实际活动盈余管理经济后果研究尚未引起足够的重视。仅有 Gunny（2005）[68]通过分析实际活动盈余管理企业随后三年的经营业绩，发现实际活动盈余管理对未来经营业绩有着显著的负面影响。

1.2.3 当前公司效率研究的主要内容

由于资源稀缺性和生产技术的有限性，追求资源配置的最优化不仅贯穿于人类社会活动的始终，而且是推动经济持续发展和社会不断进步的动力。如何配置稀缺资源使之达到最有效率的运用方式是经济学研究的核心问题。企业作为社会经济体系的一个有机组成部分，它归根结底都必须在既定的社会经济环境中获得最优的公司效率。公司效率研究内容主要集中在公司效率的构成、计量和影响因素等方面。在公司效率的构成上，缘于管理学和经济学尚未实现较好的跨学科交叉和融入，管理学领域和经济学领域对公司效率的研究可谓是大相径庭、泾渭分明。管理学的公司效率研究主要集中在融资效率和投资效率上（McLean 等，2012；Figge 和 Hahn，2013；计方和刘星，2014）[97-99]，而经济学的公司效率研究聚焦在投入产出效率上（Tsionas 等，2015）[100]。在公司效率的计量上，第一类主要运用在管理学中，其计量通常从财务管理角度出发，考察公司融资、投资和经营效率（Hou 等，2012；Barth 等，2013；Balakrishnan 等，2014）[101-103]。第二类主要运用在经济学中，公司效率的计量通常从投入产出效率出发，衡量公司在等量要素投入条件下，其实际产出与最大产出的差距（Wang 等，2014；Mousavi 等，2015）[104，105]。

1.2.4 现有研究的局限性

综合母子公司距离、盈余管理和公司效率的已有研究，可以看出，应计项目盈余管理一直是国内外盈余管理研究的主流和热点内容，实际活动盈余管理和母子公司距离的研究相对较少。我们认为已有的研究在以下几个方面存在不足：

（1）以往的研究侧重于从外部影响因素研究上市公司的盈余管理行为，忽视其内部影响因素的研究。

现有的文献侧重于从会计准则、外部审计和公司治理水平等外部影响因素来研究公司管理当局盈余管理行为，忽视了母子公司在地理空间和制度环境上的异质性对盈余管理的影响。上市公司的会计信息是经过母子公司财务报表合并之后产生的，而母子公司在地理空间和制度环境上的差异所造成的信息不对称及委托代理问题是盈余管理的直接影响因素。因此以母子公司距离为研究视角，探讨公司管理当局的应计项目盈余管理和实际活动盈余管理行为，则是需要有待深究的问题。

(2)以往的研究往往针对单一盈余管理方式，忽视了应计项目盈余管理与实际活动盈余管理的内在联系，造成两种盈余管理方式相分离的研究局面。

传统盈余管理的研究是以应计项目盈余管理为主要内容。一般情况下，应计项目盈余管理影响应计利润的数额和会计盈余在各个会计期间的分布，对现金流量的数额和盈余总额不会产生直接影响。但是公司管理当局基于以下原因也会选择实际活动盈余管理。首先，各国监管部门不断对会计准则进行修订和完善，公司管理当局利用会计准则所赋予的选择空间变小，应计项目盈余管理的难度加大。随着监管力度的增强，应计项目盈余管理的风险也越来越大。其次，由于应计项目具有回转特性，从长期来看，应计制会计利润等于现金制会计利润(Degeorge, Patel 和 Zeckhauser, 1999)[106]，公司管理当局操控应计项目的能力存在着此消彼长的现象，因此应计项目盈余管理的能力则受到企业以前年度应计利润操控程度的限制(Barton 和 Simko, 2002)[107]。最后，应计项目盈余管理一般发生在会计年度末，公司管理当局不能确定是否被外部监管部门发现、得到审计师的认同。但是实际活动盈余管理不受时间的限制，不会违反会计准则的相关规定，摆脱了审计师的监督和会计准则的束缚。基于上述原因，上市公司也存在着实际活动盈余管理行为。

既然应计项目盈余管理和实际活动盈余管理都是盈余管理的方式，但是将其二者结合在一起进行研究的文献较少，造成两种盈余管理方式相分离的研究局面。表现最为突出的就是在应计项目盈余管理计量上完全忽略了实际活动盈余管理对经营活动现金流量产生的影响。因为经营活动现金流量不会被操纵的假定正是应计项目盈余管理的计量基础，但是实际活动盈余管理在结果上动摇了上述假定。因此，已有文献的相关研究结论尚待进一步考究。

(3)盈余管理对公司效率的研究没有得到足够的论证分析，尤其是实际活动盈余管理的经济后果研究需要补充。

在已有的相关文献中，学者们侧重于应计项目盈余管理的经济后果研究，但是研究结论并未取得一致。例如，Teoh, Welch 和 Wong(1998)发现公司为了达到首次公开发行股票(initial public offerings, IPOs)的条件，通过大量的应计项目盈余管理而使得会计盈余超出现金流量，揭示了在IPO年度公司存在着盈余管理行为，而在随后的三年则股票回报率大幅下降[94]。Chen和Yuan(2004)以1996—1998年上市公司为研究对象，研究了上市公司为达到证监会的配股要求——权益回报率(ROE)不低于10%，是否存在着盈余管理行为。研究结果表明，通过盈余管理实现配股的上市公司，其经营业绩显著低于没有实施盈余管理的配股公司[95]。实际活动盈余管理经济后果研究尚未引起足够的重视。Gunny(2005)虽然研究了实际活动盈余管理的经济后果，通过分析实际活动盈余管理企业随后三年的经营业绩，发现实际活动盈余管理对未来经营业绩有着显著的负面影响[68]。但是该研究并没有考虑应计项目盈余管理对实际活动盈余管理的影响，因此研究结论具有一定的局限性。

公司管理当局的盈余管理行为具有特定的动机，在不同的背景下，所采用的盈余管理方式各有差异，而应计项目盈余管理方式管理的对象是应计项目，实际活动盈余管理的对象则是企业内在的经营活动，显然两者的作用对象不尽相同。此外，以往的盈余管理经济后果研究通常从财务管理学角度出发，考察盈余管理对公司经营决策和投融资效率的影响，较少涉及经济学层面投入产出效率的内容，使得盈余管理经济后果的研究具有明显的狭隘性，因此不同的盈余管理方式对公司效率的影响是异曲同工还是泾渭分明，仍需进一步验证。

1.3 主要研究问题

综上所述，尽管学者们对盈余管理和公司效率进行了研究，并初步探讨了盈余管理与公司效率的关系，但是往往偏重于传统的应计项目盈余管理来反映盈余管理，不仅没有考虑实际活动盈余管理的内容，而且忽视了实际活动盈余管理对应计项目盈余管理计量的影响，造成已有的研究结论值得商榷和考究。此外，管理学领域主要集中在投融资和经营效率上反映公司效率的内容，较少涉及经济学层面的投入产出效率，使得公司效率的研究过于狭隘，缺乏经济学和管理学交叉和融入。我们还应看到，国外的相关研究主要是以西方高度发达的资本市场为研究背景的，以我国独特的市场经济转型时期、资本市场欠发达为研究背景的实证研究则比较匮乏。伴随着我国经济的快速发展、资本市场不断发展壮大和上市公司的做大做强，有关上市公司母子公司距离和盈余管理的研究则方兴未艾。因此在这些背景下探索母子公司距离、盈余管理与公司效率的关系具有较强的理论和现实意义。针对现实中存在的问题和理论研究的背景，本书提出如下研究问题：

1. 母子公司距离对上市公司盈余管理产生何种影响

本书将从地理空间和制度环境两个维度反映母子公司距离，分别研究母子公司地理空间距离与盈余管理、母子公司制度环境距离与盈余管理的关系，揭示上市公司母子公司距离对盈余管理的影响。在研究过程中，将从应计项目盈余管理和实际活动盈余管理反映上市公司盈余管理的内容。通过对母子公司距离与盈余管理之间关系的研究，不仅可以验证在我国背景下母子公司地理空间距离与盈余管理、母子公司制度环境距离与盈余管理的关系，而且为提升盈余管理研究的阶段性和全面性提供了新的途径和方法。

2. 母子公司距离与公司效率之间是何关系

已有的研究往往针对上市公司多元化决策对公司业绩、公司价值的研究，忽视了多元化战略所造成的母子公司在地理空间和制度环境的差异及其对公司效率的影响。本书将从地理空间和制度环境两个维度反映母子公司距离，探讨母子公司距离与公司效率的关系，解析母子公司距离对公司效率的影响，获得母子公司距离对公司效率影响的经验证据，回答"母子公司距离与公司效率是何关系?"这一问题。此外，母子公司距离通常是上市公司地域多元化战略实施的结果，上述问题的回答也可以为多元化折价(diversification discount)或多元化溢价(diversification premium)提供间接证据。

3. 上市公司盈余管理是如何影响公司效率的

已有的相关研究主要是揭示首次公开发行股票或股权再融资情形下的应计项目盈余管理来反映盈余管理对公司财务业绩的影响，其研究较少考虑实际活动盈余管理的影响。本书将从应计项目盈余管理和实际活动盈余管理两个方面，获得上市公司盈余管理与公司效率关系的经验证据，回答上市公司盈余管理产生何种经济后果。

本书试图在上述研究工作的基础上，细化和丰富母子公司距离和盈余管理的理论框架，并在实践方面为政府监管部门、企业所有者、债权人和潜在的投资者提供有益的借鉴和指导。

1.4　本书研究的内容、方法与框架

1. 研究内容

针对研究问题和研究目标，本书包括以下内容：

第1章为绪论。本章主要阐述研究的理论背景和实践背景，分析母子公司距离、盈余管理和公司效率研究的现状及存在的问题，提出本书研究的问题、内容和框架。

第2章为文献综述。本章从距离、盈余管理和公司效率等方面对现有文献进行回顾和梳理，在此基础上提出已有研究的不足及其获取的有关研究启示。

第3章为概念模型和假设提出。本章在对母子公司距离、盈余管理和公司效

率阐述的基础上，构建本书的概念模型，详细讨论和分析变量之间的逻辑关系，提出模型所涉及的具体假设。

第 4 章为研究方法。本章利用中国证券市场的数据，对研究对象的样本选取和数据收集作出详细说明，借鉴和参考以往学者的最新研究成果和经验基础，介绍研究变量的选取和测度方法，介绍实证研究的方法和模型。

第 5 章为实证检验结果。本章运用描述性统计分析、相关性分析和多元线性回归分析等统计分析方法，从母子公司距离与盈余管理关系、母子公司距离与公司效率关系、盈余管理与公司效率关系的角度对各项假设进行验证。

第 6 章为结果讨论。本章对实证分析结果进行了讨论，着重说明了本书研究的理论和实践意义。

第 7 章为结论与展望。本章归纳了本书的主要结论和创新点，并说明了本书研究的局限性及未来的研究方向。

2. 研究方法

本书的研究方法是以理论分析和实证研究并重，运用归纳分析和比较研究的方法，从明确概念内涵入手，在系统研究相关理论观点的基础上，提出母子公司距离、盈余管理和公司效率的分析模型。既关注模型要素之间关系的一般规律，又归纳比较母子公司距离的差异对上市公司盈余管理的不同作用，揭示盈余管理对公司价值的影响。通过相关性分析、多重共线性检验和多元线性回归分析等实证方法检验理论推导的合理性。具体实证方法包括：

(1)相关性分析。由于本书研究的主要目的就是揭示母子公司距离、盈余管理和公司效率之间关系的，因此为了能够更加准确地描述研究变量之间的线性相关程度，很有必要通过相关性分析来计算变量的相关系数。相关性分析不仅可以观察母子公司距离、盈余管理和公司效率的关系，而且可以为多元线性回归分析互为佐证。

(2)多重共线性检验。在多元线性回归分析时，本书需要检验变量之间是否存在严重的多重共线性。多重共线性造成回归系数不稳定、结果难以解释，导致回归模型估计失真或准确性较低。因此在多元线性回归分析时，需要对回归模型中的变量共线性问题进行检验。

(3)多元线性回归分析。根据本书所讨论的问题性质和相关研究假设所包含的因素特征，本书需要检验研究变量之间的关系是否与所提的研究假设相一致。在实际问题中，影响研究变量的因素往往有多个，因此仅仅考虑研究变量是不充分的，需要对其他影响因素加以控制，才能获得比较满意的结果。

3. 本书框架

本书的框架结构如图 1 - 2 所示。

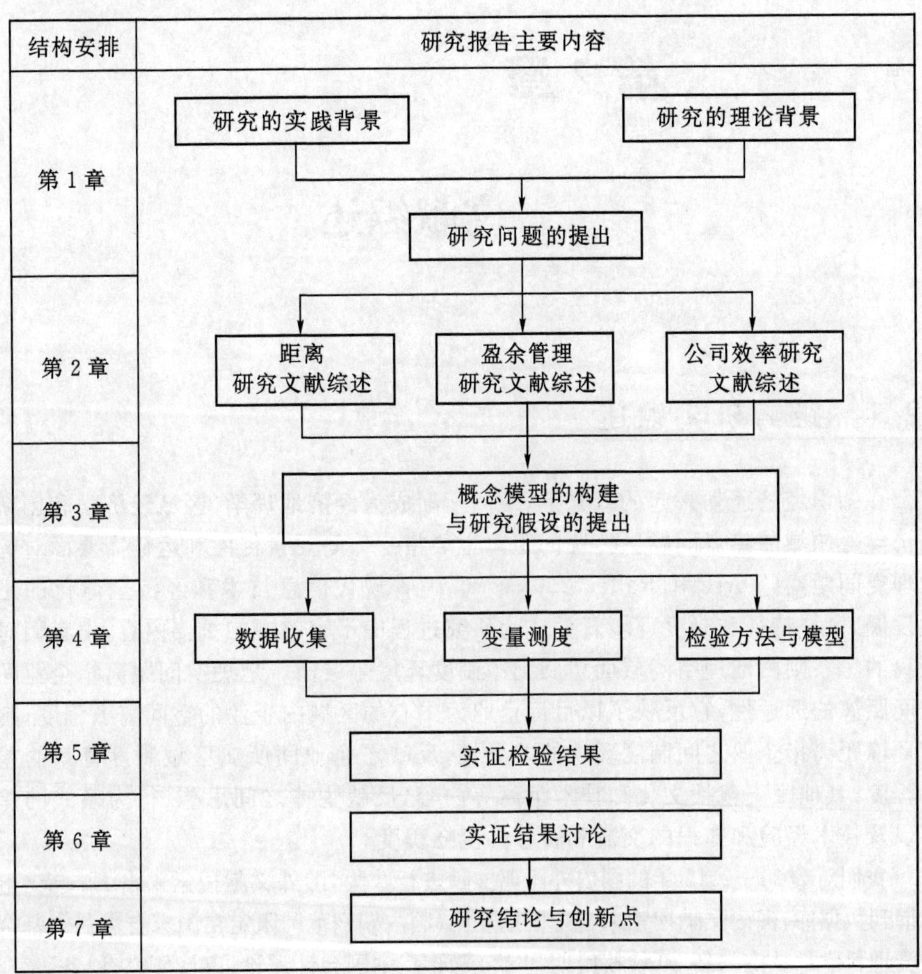

图 1 - 2　本书研究内容与结构框图

第2章

文献综述

2.1 距离研究综述

在知识经济蓬勃兴起的背景下，距离渐渐成为经济地理学、区域经济学和创新经济学等领域的热点问题。传统的距离主要指主体间要素传播和运输需要面对的地理空间距离（Torre 和 Rallet，2005）[8]。随着现代信息技术和经济全球化的迅猛发展，区域特征和制度环境日益成为研究过程中不容忽视的重要内容，学者们对距离的考察则由地理空间层面扩展到了制度环境等层面。地理空间距离指企业间空间距离的远近性，它反映了以目标企业为中心的区域内企业的空间离散程度；制度环境距离指企业之间制度环境的差异性，反映了企业间所属区域制度背景的差异程度；其他距离包括文化和技术距离等内容，反映主体之间思想、行为模式的差异以及技术经验和知识的交流和转移的流畅程度。

我们对2004—2015年的国内外距离文献进行收集，国外文献搜索来自Elsevier电子期刊数据库，国内文献搜索来自中国期刊网（国内期刊范围限定在国家自然科学基金委管理科学部认定的新30种权威期刊、经济研究、中国会计评论、审计研究、税务研究，共计34种国内期刊）。搜索到距离相关文献共263篇，其中国外文献193篇，占73.38%，国内文献70篇，占26.62%，具体汇总情况如表2-1所示。

表2-1 距离文献汇总表

研究内容	国外文献数及其百分比		国内文献数及其百分比		合计及其百分比	
地理空间距离	78	29.66%	34	12.93%	112	42.59%
制度环境距离	62	23.57%	12	4.56%	74	28.13%
其他距离	53	20.15%	24	9.13%	77	29.28%
合　计	193	73.38%	70	26.62%	263	100.00%

2.1.1 地理空间距离

地理空间距离是最常出现在研究文献中的距离概念。在很多研究中并没有明显地出现“地理空间距离”这一概念,而是用“地理距离”代替。尽管学者们对地理空间距离的表述不尽相同,但其本质都是指企业间空间距离的远近性。地理空间距离对企业创新、产业创新和区域创新具有重要影响,它是研究知识溢出的重要工具。因此,众多文献往往聚焦于地理空间距离对知识溢出和信息传递的作用及其在经济主体交互作用中的重要性,揭示地理空间距离对经济主体创新的作用机理,实证检验地理空间距离与创新的关系(Arnaldi,2014;Geldes 等,2015)[108,109]。近几年,地理空间距离引起了财务学研究的关注,例如地理空间距离与代理成本、股利政策的关系(John 等,2011)[6],公司与金融中心的距离程度对风险投资(Lutz 等,2013)[110]和权益融资成本(Ghoul 等,2013;O'Brien 和 Tan,2015)[16,111]的影响。我国学者王玉涛等(2010)指出地理空间距离是影响分析师预测的重要因素[112];宋玉等(2012)认为上市公司所占地与机构投资者地理空间距离负向影响机构投资者的持股比例[113]。

2.1.2 制度环境距离

由于企业组织的生存和发展内嵌于某一特定区域的制度环境中,制度环境的影响会使企业战略选择呈现出差异化。已有研究涉及了经济学、政治学、社会学和心理学等领域。然而,对公司治理和公司决策的研究,近十年来才逐渐被国际学术界所重视。制度环境上的差异容易造成企业之间产生陌生感和距离感。制度环境距离指企业间制度环境的差异性,它反映了企业间所属区域制度背景的差异程度。由于历史、人文和政策的原因导致了政府干预程度、市场竞争程度、金融发展水平和投资者法律保护力度等制度环境存在着地理区域的差异。已有研究从政府干预程度(Bliss 和 Gul,2012;Tu 等,2013)[114,115]、市场化进程(Du 和 Xiu,2009;辛清泉和谭伟强,2009;陈冬华等,2010)[116-118]、金融发展水平(Rejeb 和 Boughrara,2013;Balmaceda 等,2014)[14,15]和投资者保护(O'Connor 等,2014)[119]等方面刻画制度环境,从宏观层面探讨制度环境对经济增长、技术创新和产业政策的作用机理,从微观层面揭示制度环境对公司价值和跨国公司战略选择的影响。遗憾的是,上述研究主要集中在知识转移和合作创新的文献中,较少涉及公司会计行为等微观企业层面。

2.1.3 其他距离

文化距离不仅从国家、民族等宏观层面考察文化差异程度，而且从微观组织层面考察企业文化的异同(Yildiz,2014)[120]；技术距离则关注主体之间对新知识的消化和吸收能力(Nambisan,2013)[19]。相对于地理空间距离和制度环境距离，文化距离和技术距离更具模糊性特征，其具体界定和度量分歧较大，尚未取得一致。

2.2 盈余管理

盈余管理包括应计项目盈余管理和实际活动盈余管理。应计项目盈余管理是公司管理当局在会计准则允许的范围内，通过会计准则所保留的会计政策选择空间，对应计项目进行调节的行为(Watts 和 Zimmerman,1990;Healy 和 Wahlen,1999;Fung 和 Goodwin,2013)[22,121,122]；实际活动盈余管理是公司管理当局通过构造经济业务交易事项或者调整业务交易的发生时间，进而调节盈余的行为(Roychowdhury,2006;Ge 和 Kim,2014;Li,Tseng 和 Chen,2016)[63,70,123]。应计项目盈余管理的研究如火如荼、硕果累累，一直是国内外盈余管理研究的主流和热点内容；实际活动盈余管理的研究则是方兴未艾、初露头角，已经引起了国外学者的高度关注。

2.2.1 应计项目盈余管理

应计项目盈余管理一直是传统盈余管理研究的主要内容。一般情况下，应计项目盈余管理影响应计利润的数额和会计盈余在各个会计期间的分布，对现金流量的数额和盈余总额不会产生直接影响(Degeorge 等,1999;魏明海,2000)[106,124]。

我们对近十年的国内外盈余管理领域相关研究进行回顾和总结，其中国外文献搜索来自 Elsevier 电子期刊数据库，国内文献搜索来自中国期刊网(国内期刊范围限定在国家自然科学基金委管理科学部认定的新 30 种权威期刊、经济研究、中国会计评论、审计研究、税务研究，共计 34 种国内期刊)。搜索到应计项目盈余管理相关研究的文献共 637 篇，其中国外文献 370 篇，占 58.08%，国内文献 267 篇，占 41.92%，具体汇总情况如表 2-2 所示。

表 2－2　应计项目盈余管理文献汇总表

研究内容	国外文献数及其百分比		国内文献数及其百分比		合计及其百分比	
动机	105	16.48%	67	10.52%	172	27.00%
途径	34	5.34%	31	4.87%	65	10.21%
计量	30	4.71%	20	3.14%	50	7.85%
影响因素	178	27.94%	133	20.88%	311	48.82%
后果	23	3.61%	16	2.51%	39	6.12%
合计	370	58.08%	267	41.92%	637	100.00%

通过对这些研究进行回顾和梳理发现，应计项目盈余管理研究内容主要集中在盈余管理的动机、途径、计量、影响因素和后果等方面。

1. 应计项目盈余管理的动机

其动机一般可以划分为资本市场动机、契约动机和监管动机（Jiang，2008；Fung 和 Goodwin，2013；Shu 和 Chiang，2014）[24，122，125]。①资本市场动机是上市公司盈余管理的主要动机。资本市场动机包括扩张动机和迎合财务预期动机。扩张动机通过股票发行和并购来实现。会计盈余不仅决定着股票能否顺利首次公开发行和增发，而且是股票估价的重要参考依据。一般而言，会计盈余与股票价格呈正相关关系（Aharony 等，2010；Nwaeze，2011；Nagata，2013）[25，126，127]，公司管理当局为获取较高的股票发行价格或为减少并购换股数量、降低收购成本，在股票发行和公司并购过程中往往存在着较强的盈余管理动机（Gong 等，2008；曾昭灶和李善民，2009；Shu 和 Chiang，2014）[125，128，129]。迎合财务预期对于实施盈余管理的公司是非常重要的，可以为公司带来高额的市场回报（Abarbanell 和 Lehavy，2003；Baik 和 Jiang，2006；Kross，2011）[130-132]。相反，如果公司盈余没有达到盈余预测值，不仅有损公司声誉，而且公司股票价格也将显著下降，对公司管理当局的薪酬也会带来不利影响（Ciccone，2005；Charoenwong 和 Jiraporn，2009；何威风、熊回和玄文琪，2013）[133-135]。②契约动机一般包括薪酬契约和债务契约。一般而言，公司管理当局的薪酬与企业盈利状况呈正相关关系，二者在各个企业中的差异主要体现在比例系数上。因此，公司管理当局为了提高薪酬水平而调整盈余（Baker 和 Martin，2002；Nagar 等，2003；吕长江和赵宇恒，2008；Ibrahim 和 Lloyd，2011）[136-139]。公司管理当局为获取或延续债务契约，有动机管理盈余。通过调整盈余，企业可以降低筹资成本（Ahmed 等，2008；Fung 和 Goodwin，2013）[122，140]。③监管动机一般包括行业监管和上市公司资格监管。行业监管与会计收益直接相关，这就激发了公司管理当局应对行业监管而实施盈余管理的动机（Gill-de-Albornoz 和 Illueca，2005；Zhang，Uchida 和 Bu，2013）[42，141]；我国证券监督管理委员会为了保证上市公司的质量、促进我国证券市场健康有序的发展，对上市公司的资格实施了较为严厉的监管。上市公司的特殊处理、退市要求都与公司的盈利水平息息相关。因此，上市公司为达到监管要求而有动机管理盈余（吴联生、薄仙慧和王亚平，2007；孟焰、袁淳和吴溪，2008）[142,143]。同时为了满足监管部门对信息披露的要求，公司在披露信息时也存在盈余管理动机（Rogers 等，2009；Perols 和 Lougee，2011）[144,145]。

2. 应计项目盈余管理的途径

由于应计项目盈余管理是通过会计准则所保留的会计政策选择空间，对应计项目进行调节的行为，其途径主要包括以下几个方面：①调整折旧计提方法和折旧年限，改变各年度折旧计提数额，影响各年度的应计项目，实现盈余管理的目的（Cheng 和 Hsieh，2000；Powell 等，2001）[146,147]。当企业的业绩水平较差时，公司管理当局更倾向于采用有利于收益增加的折旧方法。从长期视角来看，资产折旧总额和盈余总额并不会发生变化。②推迟确认成本和费用。由于收益性支出与资本性支出在摊销年限上存在着差异，决定了成本和费用的期间摊销数额不同。公司管理当局利用收益性支出与资本性支出在会计处理上的差异进行盈余调节，实施盈余管理行为（Lin，2006；Cazavan-Jeny 等，2011）[148,149]。③调整存货计价方法。在存货价格发生变化的情况下，不同的存货计价方法所计算出的成本是不同的，最终造成公司盈余高低不同。Kinney 和 Wempe（2001）得到了美国上市公司利用存货计价方法平滑盈余的证据[57]。④资产减值损失的计提和转回。资产减值的目的是真实反映企业资产的质量和价值，提升会计信息的可靠性和真实性，帮助会计信息使用者进行决策。但是企业出于各种盈余管理动机，普遍存在着利用资产减值管理盈余的行为，并得到了国内外学者的一致验证（王跃堂、周雪和张莉，2005；Hsieh 和 Wu，2006；代冰彬、陆正飞和张然，2007；Masters-Stout 等，2008；Duh 等，2009；Andrews，2012）[58-61,150,151]。⑤其他应计项目操控。由于合并报表是会计难题之一，理论界和实务界对合并报表的会计处理很难取得一致，因此合并报表的编制也是盈余管理的一个内容。利用关联方交易提升盈余的现象也较为常见（Ge 等，2010；Elitzur，2011）[152,153]。

3. 应计项目盈余管理的计量

应计项目盈余管理的计量方法主要包括应计利润法、具体项目法和盈余分布法。应计利润法的基本思想就是把应计利润划分为可操控性应计利润和不可操控性应计利润，并用可操控性应计利润衡量盈余管理程度（Jones，1991；Dechow，Sloan 和 Sweeney，1995；Kothari，Leone 和 Wasley，2005；Jones，Krishnan 和 Melendrez，2008；Gao，2013）[75-77,154,155]。具体项目法也称为特定应计利润模型，它是针对一个或一些特定的具体项目构建估算模型，度量盈余管理水平。具体项目法主要运用于探测特定行业的某些具体应计项目的盈余管理行为(Nelson,2000;Shrieves 和 Dahl,2003;Agarwal 等,2007)[80,156,157]。盈余分布法的基本思想是以样本公司的盈余分布为调查对象,而不是估计每个样本公司盈余管理的程度,通过观察盈余分布在阈值点左右的连续性,直观判断盈余管理行为的存在性(Burgstahler 和 Dichev, 1997; Burgstahler 和 Eames, 2003; Chen 等, 2010; Wu, 2014)[82,158-160]。在上述三种计量方法中,尽管学者们对应计利润法能否有效度量应计项目盈余管理的看法尚不统一,但是应计利润法是研究应计项目盈余管理的主流方法。

4. 应计项目盈余管理的影响因素

公司管理当局的盈余管理行为降低了会计信息的真实性,不利于会计信息使用者作出正确的决策,损害利益相关者的利益。因此,国内外学者尝试着探索盈余管理的影响因素,为规避公司管理当局的盈余管理行为提供理论支持和实务支撑。学者们主要是从公司治理(薄仙慧和吴联生,2009;Guthrie 和 Sokolowsky,2010;姜付秀、朱冰和唐凝,2013;Brown 等,2014)[161-164]、外部审计(Caramanis 和 Lennox,2008;Kanagaretnam 等,2010)[165,166]、会计准则(Ewert 和 Wagenhofer,2005;毛新述和戴德明,2009;Canace 等,2010;Hwang,Chiou 和 Wang,2013)[91,167-169]、经济环境(Agarwal 等,2007;李延喜等,2012;Fung,Su 和 Gul,2013)等方面进行了相关研究[157,170,171]。

5. 应计项目盈余管理的后果

整体而言,盈余管理经济后果的研究不是很多。在已有的相关文献中,学者们侧重于应计项目盈余管理的经济后果研究。盈余管理经济后果的研究主要体现在首次公开发行股票和股权再融资过程中盈余管理的经济后果方面(Chen 和 Yuan,2004;Chung,Sheu 和 Wang,2009;Adut,Holder 和 Robin,2013)[95,172,173]。

2.2.2　实际活动盈余管理

实际活动盈余管理是近期国外盈余管理研究的热点问题,国内文献相对较少。由于实际活动盈余管理的研究起步较晚,研究内容比较匮乏。实际活动盈余管理是公司管理当局通过构造经济业务交易事项或者调整业务交易的发生时间,进而调节盈余的行为,具有隐蔽性和复杂性特征。通常而言,实际活动盈余管理不仅改变了各个期间的盈余数额和现金流量,而且改变了盈余总额。利用上文应计项目盈余管理文献搜索范围和渠道,我们对近十年国内外盈余管理领域的相关研究进行回顾和总结,搜索到实际活动盈余管理相关研究的文献共 62 篇,其中国外文献 40 篇,占 64.52%,国内文献 22 篇,占 35.48%,具体汇总情况如表 2-3 所示。

表 2-3 实际活动盈余管理文献汇总表

研究内容	国外文献数及其百分比		国内文献数及其百分比		合计及其百分比	
动机	7	11.29%	4	6.45%	11	17.74%
途径	14	22.58%	4	6.45%	18	29.03%
影响因素	12	19.35%	9	14.52%	21	33.87%
后果	7	11.30%	5	8.06%	12	19.35%
合计	40	64.52%	22	35.48%	62	100.00%

对实际活动盈余管理文献回顾和梳理后发现,其研究内容主要集中在实际活动盈余管理的动机、途径、影响因素和后果等方面。

1. 实际活动盈余管理的动机

从理论上分析,应计项目盈余管理与实际活动盈余管理的动机是相似的,都是通过盈余管理满足资本市场动机、契约动机和监管动机。从已有研究上看,直接揭示实际活动盈余管理动机的文献不多,主要是从公司保盈动机(Roychowdhury,2006;张俊瑞、李彬和刘东霖,2008)[63,174]、现金流量"扭负"动机(李彬和张俊瑞,2010)[175]、股票增发动机(Cohen 和 Zarowin,2010;李增福、黄华林和连玉君,2012)[176,177]和监管动机(蔡春等,2012)来研究的[178]。

2. 实际活动盈余管理的途径

实际活动盈余管理通过构造经济业务交易事项或者调整业务交易发生时间来实施,其途径主要包括以下几个方面:①费用操控。公司管理当局有意调整研发费用、广告费用和员工培训费用等开支,达到操控盈余的目的(Roychowdhury,2006;Franzen 和 Radhakrishnan,2009;Seybert,2010)[63,179,180]。②销售操控。销售操控就是适时性地加大价格折扣或放宽信用条件来扩大销售、促进盈余提高(Graham,Harvey 和 Rajgopal,2005)[66]。③生产操控。生产操控是企业通过利用规模效应,大量生产产品降低单位产品成本,提高收益(张俊瑞等,2007)。④出售固定资产和证券投资等(Herrmann,2003;白云霞、王亚军和吴联生,2005;王福胜、程富和吉姗姗,2013)[181-183]。⑤股票回购。通过股票回购,减少流通在外的股票数额,提高每股盈余(Brockman,Khurana 和 Martin,2008; Chan 等,2009;Farrell 等,2014)[184-186]。

3. 实际活动盈余管理的影响因素

实际活动盈余管理的影响因素主要集中在公司内部治理(Burnett 等,2012;范经华、张雅曼和刘启亮,2013)[187,188]和外部治理环境(Cohen,Dey 和 Lys,2008;于忠泊等,2013)[189,190]方面。Cohen,Dey 和 Lys(2008)发现在《萨班斯—奥克斯利法案》(Sarbanes-Oxley Act)实施后公司管理当局倾向于实际活动盈余管理[189]。

4. 实际活动盈余管理的后果

在现有文献中，应计项目盈余管理经济后果的研究已有涉及，而实际活动盈余管理经济后果研究尚未引起足够的重视。已有文献主要是调查公司管理当局能否意识到实际活动盈余管理对公司发展所造成的不利影响（Graham，Harvey 和 Rajgopal，2005；Kim 和 Sohn，2013）[66,191]和揭示实际活动盈余管理对公司未来业绩的影响（Taylor 和 Xu，2010；Ge 和 Kim，2014）[123,192]。

实际活动盈余管理的计量受到了应计项目盈余管理计量的影响。实际活动盈余管理计量的第一种方法类似于应计项目盈余管理的应计利润法，通过分析影响某项实际活动项目的因素，构建回归模型，估计出该实际活动项目的预期值（或期望值），用实际值与预期值的差额度量该项实际活动盈余管理的程度（Roychowdhury，2006；Cohen 和 Zarowin，2010）[63,176]；第二种方法类似于应计项目盈余管理的具体项目法，针对某一个特定项目的经营决策，研究公司管理当局的实际活动盈余管理行为（Osma，2008）[193]。

2.3 公司效率

相对于硕果累累的会计信息质量研究，公司效率的研究也是如火如荼、收获颇丰。由于资源稀缺性和生产技术的有限性，追求资源配置的最优化不仅贯穿于人类社会活动的始终，而且是推动经济持续发展和社会不断进步的动力。如何配置稀缺资源使之达到最有效率的运用方式是经济学研究的核心问题。企业作为社会经济体系的一个有机组成部分，它归根结底都必须在既定的社会经济环境中获得最优的公司效率。

伴随着经济发展的历程，不同时期所产生的经济学派对效率给予了不同的评判标准。最早的效率评价标准可以追溯到 19 世纪，经济学鼻祖亚当·斯密指出“看不见的手”能够提高效率，促进社会资源向最优配置迈进；19 世纪 70 年代以杰文斯（Jevons）、门格尔（Menger）和瓦尔拉斯（Walras）等为代表的边际学派从投入和产出视角提出当各种资源的边际收益相等时，整体资源配置效率最优。尽管“看不见的手”和“边际收益”基于经济收益回答了效率的标准，但是单纯追求经济收益不一定带来社会福利最大化。20 世纪初，帕雷托（Pareto）在对庇古福利经济学批判的基础上，提出了帕累托最优：如果经济中再没有任何方法使某些人福利增加而又不减少其他人的福利，这种状态就达到了资源配置的最优化。随着经济学的发展和推进，国家福利效率（Barr，1987）[194]和制度效率（North，1990）[195]也成为效率的评价标准，在一定意义上，它们是帕累托最优的延续。尽管帕累托的效率标准仅具有理论研究意义，独立于现实经济特征而存在，但是它为公司效率评判标准的层次性提供了重要参考意义。

类似于距离和会计信息质量文献搜索范围和途径，我们对国内外公司效率的文献进行回顾和总结，搜索到公司效率相关研究的文献共 692 篇，其中国外文献 405 篇，占 58.53%，国内文献 287 篇，占 41.47%，具体汇总情况如表 2－4 所示。

表 2－4 公司效率文献汇总表

研究内容	国外文献数及其百分比		国内文献数及其百分比		合计及其百分比	
构成	83	12.00%	76	10.98%	159	22.98%
计量	129	18.64%	53	7.66%	182	26.30%
影响因素	193	27.89%	158	22.83%	351	50.72%
合　计	405	58.53%	287	41.47%	692	100.00%

通过对这些研究进行回顾和梳理发现，公司效率研究内容主要集中在公司效率的构成、计量和影响因素等方面。从表 2－4 中可以看出公司效率的构成、计量和影响因素的国内外文献所占百分比依次为 22.98%、26.30%和 50.72%，公司效率影响因素的研究文献占据了一半之多。

2.3.1 公司效率的构成

为了适应 20 世纪初美国工业化进程的快速发展，美国科学管理的创始人泰勒(Taylor)将经济学的效率评判标准引入了企业管理中，开辟了科学管理领域。帕累托最优指出，企业在追求自身效率的最优过程中，促进了要素资源在不同企业或部门之间合理流动，推动了资源的最佳配置。但是，缘于管理学和经济学尚未实现较好的跨学科交叉和融入，管理学领域和经济学领域对公司效率的研究可谓是大相径庭、泾渭分明。管理学的公司效率研究主要集中在融资效率和投资效率上(McLean，Zhang 和 Zhao，2012；Figge 和 Hahn，2013；计方和刘星，2014)[97-99]，而经济学的公司效率研究聚焦在投入产出效率上(Tsionas，Assaf 和 Matousek，2015)[100]。

2.3.2 公司效率的计量

由于管理学和经济学在公司效率研究上的迥然不同，公司效率的计量方式可以划分为两类。第一类主要运用在管理学中，其计量通常从财务管理角度出发，考察公司融资、投资和经营效率。在融资效率计量中，主要通过融通资金所取得的资本成本的高低(Hou，Van 和 Zhang，2012；Barth 等，2013)[101，102]来度量。在投资效率计量中，主要是采用间接法和直接法。间接法是测算投资与现金流之间的敏感性，其思想是随着公司投资机会的改变，投资与现金流之间的敏感性程度将发生变化，间接反映公司投资效率的高低(Chen 等，2013)[196]；直接法是通过非效率投资的残差来度量的，通过构建资本支出回归模型，估算公司的正常资本投资水平，计算回归模型的残差作为非效率投资的代理变量(Richardson，2006；Balakrishnan，Core 和 Verdi，2014)[103，197]。在经营效率计量中，主要从上市公司业绩和公司价值来测度(何瑛和张大伟，2015；张一林和樊纲治，2016)[198，199]。第二类主要运用在经济学中，公司效率的计量通常从投入产出效率出发，衡量公司在等量要素投入条件下，其实际产出与最大产出的差距。其计算包含两种方法：以数据包络分析法为代表的非参数方法(Wang 等，2014；Mousavi，Ouenniche 和 Xu，2015)[104，105]和随机前沿分析法为代表的参数方法(Jarboui，Forget 和 Boujelbene，2014；刘孟飞、陈喜萌和吴勋，2015；Ouyang 和 Sun，2015)[200-202]。相对于数据包络分析法，随机前沿分析法消除了不存在随机误差的基本假定，直接分析公司之间效率的相对差异，更具适用性和推广性。

2.3.3　公司效率的影响因素

学者们主要从管理者特质、公司内部治理机制和公司外部治理环境等方面研究了公司效率的影响因素。公司所有权和公司控制权的分离是现代企业的一个重要特征，股东和管理者之间的代理冲突长期存在，管理者特质差异将对公司效率产生影响(刘星、代彬和郝颖，2012；韩忠雪、崔建伟和王闪，2014)[203，204]；公司内部治理机制的发挥将直接作用于公司经营管理过程，影响到公司效率(Chen 等，2011；陈艳利、乔菲和孙鹤元，2014)[205，206]；公司外部治理环境不仅为公司经营和发展提供了机遇和空间，而且对公司效率起到间接的制约和影响(Chung，Wynn 和 Yi，2013；杜兴强、赖少娟和杜颖洁，2013；Moradi-Motlagh 和 Babacan，2015)[207-209]。

2.4　文献评述与启示

在对国内外距离、盈余管理和公司效率文献综述的基础上，需要对相关文献进行评述，通过比较国内外研究差异和剖析研究不足，得出有关母子公司距离、盈余管理和公司效率研究的有益启示，最终为本书的研究提供了空间和契机。以下将从文献评述和研究启示两个方面加以阐释。

2.4.1　文献评述

通过对近十年国内外有关距离、盈余管理和公司效率文献的回顾和梳理，我们可以看出：

(1)距离已成为近些年来国外区域经济学、经济地理学、创新经济学等多学科关注的焦点。地理空间距离对组织创新合作、知识共享与扩散的影响和作用基本上达成了共识，通常认为主体间较近的地理距离更有利于面对面的交流与互动，有利于组织间良好合作关系的建立，促进知识尤其是隐性知识的转移和创新活动的产生；制度环境距离和其他距离则存在于知识转移和合作创新的相关研究中，探讨其对交流和交易成本、知识共享与转移的影响；鲜有研究将距离的内容运用到会计行为和盈余管理等方面。

(2)公司管理当局出于资本市场动机、契约动机和监管动机而管理盈余的现象由来已久。在公司治理、外部审计和会计准则等方面的压力下，传统的应计项目盈余管理已经不能满足公司管理当局操控盈余的需要，实际活动盈余管理则粉墨登场，成为盈余管理的一种新方式，引起了国外学者的积极关注。我国学者对盈余管理的研究明显滞后于国外的研究水平，虽然少数学者在研究中融入了中国特色和背景，但是更多的文献仍然是追随或效仿国外的已有研究，对实际活动盈余管理的研究尤为匮乏。

(3)在资源稀缺和生产技术有限的背景下，如何获得最佳的公司效率是经济学界和管理学界研究的核心问题。缘于经济学和管理学尚未实现较好的跨学科交叉和融入，在公司效率构成上，管理学主要集中在投融资和经营效率上，而经济学聚焦在投入产出效率上；在资源配置效率计量上，管理学通常从财务管理角度出发，考察公司投融资和经营效率，而经济学则更多关注投入产出效率；在公司效率影响因素的研究上，学者们主要聚焦在管理者特质、公司内部治理机制和公司外部治理环境等方面。表 2－5 列示了距离、盈余管理管理和公司效率的文献汇总情况。

表 2－5 距离、盈余管理和公司效率文献汇总表

研究内容	国外文献数及其百分比		国内文献数及其百分比		合计及其百分比	
距离	193	11.67%	70	4.23%	263	15.90%
盈余管理	410	24.79%	289	17.47%	699	42.26%
应计项目盈余管理	370	22.37%	267	16.14%	637	38.51%
实际活动盈余管理	40	2.42%	22	1.33%	62	3.75%
公司效率	405	24.49%	287	17.35%	692	41.84%
合　计	1008	60.94%	646	39.06%	1654	100.00%

从表 2－5 中，可以看出距离、盈余管理和公司效率研究的比例分别为 15.90%、42.26%(其中，应计项目盈余管理、实际活动盈余管理依次为 38.51%和 3.75%)和 41.84%。在上述三个方面的研究中，国内文献中所占比例依次为

4.23%、17.47%(其中,应计项目盈余管理、实际活动盈余管理依次为 16.14%和 1.33%)和 17.35%。我国学者对上述内容的研究明显滞后于国外水平,不论在研究选题、研究范围和研究深度上,都与国外研究存在着一定的差距。尽管少数学者在研究中融入了中国特色和背景,但是更多的文献仍然是追随或效仿国外的已有研究。虽然盈余管理和公司效率的研究受到了国内外学者的强烈关注,分别达到了总文献的 42.26%和 41.84%,但是从距离视角,尤其是从母子公司距离视角探讨盈余管理和公司效率的研究更是少有问津;国内外学者通常聚焦于应计项目盈余管理,不仅没有考虑实际活动盈余管理的内容,而且忽视了实际活动盈余管理对应计项目盈余管理计量的影响,造成已有的研究结论值得商榷和考究;管理学领域主要集中在投融资和经营效率上反映资源配置效率的内容,较少涉及经济学层面的投入产出效率,使得资源配置效率的研究过于狭隘,缺乏经济学和管理学交叉和融入;对上述问题的修正和完善仍然是学者们深入探究的命题。

2.4.2　研究启示

知识经济的蓬勃兴起,有关距离的研究成为经济地理学、区域经济学和创新经济学等领域的热点内容;盈余管理一直是财务会计学界研究的重要议题,无论在研究内容的广度和深度上,还是在理论研究和方法研究上文献颇多;提升公司效率是经济学和管理学研究的核心问题,其研究可谓是成绩斐然、硕果累累。已有的研究成果为本书提供了扎实的理论基础,同时也赋予我们更多的借鉴和启示:

首先,以往的盈余管理影响因素的研究通常基于上市公司整体层面,其研究内容聚焦在公司治理、会计准则和制度环境等方面,忽视了母子公司在地理空间和制度环境上的异质性对盈余管理的影响。上市公司的财务报告是经过母子公司财务报表合并之后产生的,而母子公司在地理空间和制度环境上的差异所造成的信息不对称及委托代理问题是盈余管理的直接影响因素。所以,揭示母子公司地理空间和制度环境的异质性对盈余管理的影响是一个重要的研究问题。

其次,以往的研究往往针对单一盈余管理方式,忽视了应计项目盈余管理与实际活动盈余管理的内在联系,造成两种盈余管理方式相分离的研究局面。表现最为突出的就是在应计项目盈余管理计量上完全忽略了实际活动盈余管理对经营活动现金流量产生的影响。因为经营活动现金流量不会被操纵的假定正是应计项目盈余管理的计量基础,但是实际活动盈余管理在结果上动摇了上述假定。

最后,以往的盈余管理经济后果研究通常从财务管理学角度出发,考察盈余管理对公司经营决策和投融资效率的影响,较少涉及经济学层面投入产出效率的内容,使得盈余管理经济后果的研究具有明显的狭隘性;因此基于管理学和经济学交叉和融合,探讨盈余管理与公司效率的关系,揭示不同学科背景下的公司效率所受到的盈余管理的影响是异曲同工还是泾渭分明，仍需进一步验证。

2.5 本章小结

公司管理当局的盈余管理行为引起了社会的普遍关注，从政府监管部门、企业所有者、债权人、债务人到潜在的投资者等，对盈余管理行为都给予了充分的重视和高度的警觉，因此对盈余管理的研究具有较强的理论意义和现实价值。本章对国内外距离、盈余管理和公司效率的研究文献在汇总和梳理的基础上，进行了较为详细的比较和总结，获得了重要的启示。众所周知，地域发展不平衡、制度环境非均衡是中国经济发展的现状和特征。尽管上市公司的会计盈余信息是经过母子公司财务报表合并之后的信息，但是已有的盈余管理研究忽视了母子公司在地理空间和制度环境上的异质性，潜在假定了地理空间和制度环境是匀质的，使得盈余管理研究尚未在母子公司地理空间维度和制度环境维度的框架下展开。因此，研究母子公司在地理空间和制度环境的距离，揭示母子公司距离与上市公司盈余管理的关系及其对公司效率的影响。总之，本章通过对国内外文献进行系统的回顾和评述，对已有成果进行详细的归纳和总结，不仅为本书的研究提供了借鉴和参考作用，而且为本书的研究方向起到了灯塔和航标作用。

第3章

概念模型与研究假设

针对绪论中提出的问题，结合文献综述对已有研究成果的回顾和评述，本章将在梳理相关理论的基础上，阐述母子公司距离、盈余管理和公司效率，构建本书的概念模型，详细讨论和分析变量之间的逻辑关系，提出模型所涉及的具体假设，探索母子公司距离、盈余管理和公司效率的关系。

3.1 理论基础

3.1.1 母子公司距离与盈余管理关系的相关理论

1. 识解水平理论

识解水平理论(construal level theory)又称解释水平理论，实质是个体对事物或活动的心理表征，人们受到事件心理距离，如时空距离和真实性等的影响对事件的解释会发生变化，进而影响个体对事件的反应。Trope 和 Liberman(2003)[210]等人研究发现事物或活动的特征分为首要特征和次要特征，而个体对事件的解释水平也分为两种不同的抽象程度，即个体根据事件的不同自由选择合适的表征水平。高解释水平描述事件的首要特征，解释“为什么”，侧重宏观抽象和脱离背景的特征，语言更为简洁连贯且目的性更强，驱使人们关注事件本身的性质和意义；而低解释水平则描述事件的次要特征，解释“怎么做”，侧重微观具体和背景化的特征，语言更为复杂琐碎且具有非结构性，促使人们更关注于事件的具体和细节方面。高水平的解释从事件的整体出发进行概括描述，因此需要更多的时间来酝酿；而低水平的解释从事件的局部进行细节叙述，较短时间内可以完成。Liberman 和 Trope(2008)[211]进一步研究发现，时间距离会显著影响个体的解释水平，进而使个体的预期、偏好以及判断等行为和心理产生变化。如人们决策远期未来的事件时会更加侧重高水平解释所传达的价值；但对近期眼下的事件决策人们关注点就发生了变化，会更加重视低水平解释传递的信息，显然人们对事件的判断和预期也会随之产生变化。因此，个体对远期未来发生事件的感知会更接近于高解释水平思考的结果，而低解释水平思考的结果会更吻合近期产生事件的感知。

识解水平理论不断充实扩展，其应用已不再局限于经济学，开始涉及冲突解决、自我控制、实用自我、公共政策的制定和合作等其他领域，最突出的一点是用来解释和预测消费者心理。该理论认为消费者的偏好不仅取决于人物和背景因素，也会受到心理距离知觉的影响，因此引入心理距离表征变量，构架更为全面的框架模型对消费者行为进行解释和预期能够取得更好的效果。对消费者的购买决策、意愿以及情绪等的合理预期能够帮助企业更好把握市场供求状况，作出相应销售决策。

2.知识管理理论

知识管理理论(knowledge management theory)的发展时间虽不长，但备受关注。知识管理是指在企业中构建知识系统，通过获取、分享、创造、整合、记录和更新知识与信息等过程，实现人文技术的兼顾和知识的创新积累，并且重视反馈职能，促进知识系统的成长发展。知识管理是一个动态且长期的活动，对企业各方面能力要求较高，但鉴于知识已成为价值创造的主要源泉，对知识进行管理势在必行。企业运用知识管理能够充分利用集体智慧，有助于提高企业的创新与应变能力，作出合理决策，同时也为知识的共享提供了高效新途径。知识管理最突出的贡献就是整合了显性知识和实现了隐性知识的低成本共享，其中显性知识指可用数字文字表达且容易通过数据形式进行交流共享的信息，隐性知识指难以格式化且极富个性的知识，如第六感和直觉等。知识管理能够使得组织从被动机械转换为主动灵活，凭借协作和学习企业演变为自我驱动、自动调节和自主变革的生命体，企业中的个人也能获益于知识系统，不断充实自我，实现进步和超越。知识管理成效显著，但要在企业内成功推行该系统绝非一朝一夕之功，知识系统的构建需要上下齐心，管理层有明确目标并且贴合企业的经营战略，培养知识共享的企业氛围，简洁的组织架构以及适用的配套软件等要求。

知识管理最早由 Drucker(1998)[212]在 20 世纪 60 年代提出并随后对其进行拓展，他界定了知识管理的概念并强调知识在企业未来发展中的重要性。Sveiby(1987)[213]将知识管理的理论与实际结合起来进行研究并探讨知识管理的必要性；强调知识创造财富的能力，知识管理能够促进企业形成竞争优势并且提高治理效率，有利于可持续发展；指出了知识管理的客观需求是信息爆炸和技术发展。此后，有关知识管理的文献如雨后春笋，逐渐形成四大流派：战略学派、经济学派、技术学派和行为学派。战略学派主要关注不同组织制定的战略性目标；经济学派更侧重于追求经济效益，属于战略学派的分支；技术学派强调借助技术提高组织效率；而行为学派意在发挥人员的能动性，更关注个体。

3. 社会嵌入性理论

社会嵌入性理论是指社会中的个体在行动时会受到来自社会关系、结构和文化等多方面的影响，即个体行为嵌在社会关系网之中。这一理论同样适用于经济学领域，对企业如何利用外部资源和借助社会关系提供了参考建议。嵌入性又分为关系嵌入性和结构嵌入性：关系嵌入性强调企业可通过所在网络中各同级节点之间的联系来获得信息，直接连接的节点一般享有同质信息，企业之间的社会关系更加紧密有利于企业之间的相互学习与模仿，降低经营风险；结构嵌入性侧重分析处于不同位置节点之间的信息差异带来的地位优劣，企业位于网络中心时能够占据资源优势，获得更多信息，而位于网络边缘不利于企业资源的获取。此外，一家公司往往嵌入在不同的社会网络关系中，因此网络联系通常是多维的；嵌入程度的高低以及节点位置的重合带来了社会网络之间的相互拼接融合，使得联系集合更为复杂，但同时也为企业提供了更多的信息获取途径和更开阔的前瞻视野，为企业的发展提供了无限可能。

嵌入性理论由 Granovertter(1985)[214]真正提出，他界定了嵌入性概念并细分为关系嵌入性和结构嵌入性，强调人际关系和行为人的能动性；认为社会网络才是社会结构的核心，经济行为均嵌在社会网络中，而信任是嵌入的保障；他还首次提出将网络分析作为经济学研究的切入点，为后续经济研究提供了新思路。Hess (2004)[215]在对前人著作研究的基础上，批判性地提出嵌入性的新分类：社会、地域和网络嵌入，并对嵌入性在不同环境的适用程度进行了解释，社会嵌入强调从社会层面综合考量行为人和经济体系的历史；地域嵌入侧重分析地理区域结构的嵌入影响；网络嵌入更多考虑各种网络的构成和体系。Hagedoorn(2006)[216]提出了新合作关系形成过程中对嵌入性的横向理解，将嵌入性分为环境、组织和双边嵌入性三种并对比三者不同之处，强调三种嵌入性之间的相互影响和联系，其中环境嵌入涵盖了地理嵌入，组织嵌入则不仅考虑了社会网络还引入了组织结构等要件，双边嵌入强调合作企业对自身的不断影响。

4. 信息不对称理论

信息不对称理论是指各类相关人员在市场经济活动中对信息的掌握程度不同，享有信息资源程度的高低决定了交易所处地位的优劣。一般而言，卖方对商品的信息了解比买方更多，因此卖家占优的情况下销售商品能获得更多的利润；某些特殊市场如保险市场，买家占据信息优势，因此保险公司面临的风险损失加大。经济活动中，信息劣势方会努力获取更多有效信息以缓解信息不对称程度从而维护己方利益，掌握信息充分的一方也可以通过出售信息获取收益，信息交流能够有效提高经营效率和质量。信息不对称带来的后果包括逆向选择和道德风险，逆向选择降低了交易质量损害了消费者福利，而道德风险增加了经营成本降低了企业价值。因此，运用信息不对称理论能够指导企业的治理，委托方和经营方通过设计合理制度加强双方信息互通，促进双方的利益统一，降低道德风险从而提高企业的治理效率。然而信息不对称程度只能降低无法消除，原因是交易参与方获得信息的途径和来源多种多样，难以实现全部信息的共享，个体之间总会存在知识经验和信息的差异。

信息不对称的研究始于20世纪70年代，其理论应用也扩展到经济学的多个领域。Akerlof(1970)[217]通过研究柠檬市场发现信息不对称会导致逆向选择，二手车市场中买家信息不足愿意支付的价格为平均价格，高质量的旧车因收益偏低会退出市场，导致市场中旧车的质量总体下降，消费者到手的是缺陷大质量差的旧车，因此买方会进一步降低价格预期，从而发生逆向选择：高质量的商品会退出交易，质量差的卖者纷纷涌入市场。Stiglitz(1981)[218]探究了保险市场和信贷市场中存在的道德风险问题，并针对信息劣势方如何获取有效信息提出了相应建议，保险市场中保险公司无法保障投保人投保后的行为以及真实信息，一旦买方出现道德风险故意遭险，保险公司往往面临巨额的赔偿与风险；道德风险的约束依赖于合理的制度安排和信息沟通，保险公司事先多渠道多方面了解投保人信息，并针对不同风险的投保人设置不同的保费约束买方行为从而全面降低公司的赔偿风险。Spence(1974)[219]挖掘了人才市场中信息不对称的根源，发现应聘者需要凭借文凭作为一种信息传递信号，帮助信息劣势一方即雇主进行识别，招聘方凭借应聘者的受教育水平判断其工作能力和应得报酬并进行取舍。

3.1.2 母子公司距离与公司效率关系的相关理论

1. 交易成本理论

交易成本理论最早由美国学者科斯提出，解释了企业的本质。正是由于交易费用的存在，市场机制下价格成本较高，才催生了企业的发展。交易成本相对于生产成本而言强调人与人之间的关系成本，即人们为了达成交易而付出的成本。由于专业分工的出现以及市场机制的运行，会出现同一商品从市场中获取所付出的代价高于自己生产所付出的成本，即交易成本更高，因此人们倾向于集中生产要素进行生产经营，从而形成了企业。企业作为人类追求经济效率所产生的组织体，减少了交易成本。交易成本难以彻底消除，人类的欲望由于资源的稀缺永远无法得到彻底满足从而滋生利己主义；社会分工的持续深化也导致个体之间存在知识和经验等方面的差异；科技的进步始终无法完全消除时空给交易造成的障碍，因此只要交易发生，交易成本就会存在。

Coase(1937)[220]认为企业的实质就是市场价格机制的替代产物，在市场中每产生一笔交易都会花费一定的成本，包括搜集市场信息的成本、监督成本、谈判和决策的成本、规避风险的成本等，但是如果存在这样一个组织，集中所需生产要素避开市场进行生产，就能够降低上述一系列交易成本，这样的组织就是企业。而交易成本理论也能进一步解释企业的规模和一体化问题，只要企业的内部管理费用低于外部市场交易成本，企业就能持续扩大规模，内部费用高于市场价格时就应停止扩张；企业一体化类似企业扩大规模，就是把交易活动内部化，不同分工的企业联合获得规模经济效益，即联合增加的组织费用低于交易成本。Williamson(1975)[221]对交易成本的成因进行分析归类，发现人性因素与交易环境的相互影响可能会产生市场失灵，导致交易困难，从而发生交易成本。交易参与人的有限理性、投机主义、信息不对称，交易环境的不确定性，频率以及氛围等都会导致交易费用的产生；交易成本因此可分为搜寻成本、信息成本、谈判成本、决策成本、监督成本和违约成本六类，还可根据成本产生的时间分为事前、事后成本等。Dahlman(1979)[222]研究了交易成本的型态和内涵并对其细分，认为交易成本实质是伴随交易行为随之产生的信息搜集、议价谈判、交易达成和事后监督等的各种费用。

2.规模经济理论

规模经济理论促进了现代企业的发展，其实质是指在某一经营周期，企业扩大产量能够降低单位成本，即经营规模的增大带来平均成本的下降，进而增大利润空间。规模经济解释了企业的扩张及其最优规模。企业追求利润最大化，扩建工厂或兼并的动机是有利可图，规模的扩大使得企业能够使用先进高效的机器设备并充分使用，引进更多的人才降低平均培训成本并且享受人才效应，提高组织管理效率等，这些都会降低产品的平均成本，为挤占市场积累优势；但是，企业的规模不可能无限增大，规模过大难以避免地导致企业内部协调成本增加、信息传递阻滞，造成生产效率降低、单位成本增高，因此企业在扩张到一定规模时会不再扩展，以保持相对降低的生产成本。

作为经济学的基础理论之一，该理论于18世纪70年代初现萌芽，发展于19世纪末的美国，代表著作有阿尔弗雷德·马歇尔的《经济学原理》等。马歇尔(1965)[223]认为大规模生产具有很多优势，如分工的细化与精进、生产材料的高效利用、企业之间协作联合等，最终降低生产成本；他思考了规模经济的成因，并将规模经济划分为内、外部规模经济，内部规模经济是指由于扩大规模带来的生产资料的高效使用以及内部管理效率的提高等，外部规模经济则指企业之间互相分工协作、强强联合形成的效应；此外，马歇尔还发现了规模经济报酬由递增到不变再到递减的规律变化过程并进行了合理解释。随着规模经济理论的不断发展，更多的学者研究出新的结论对其进行补充扩展，如Leibenstein(1966)[224]研究发现X非效率正是制约企业规模扩大的内在因素，所谓X非效率就是指企业由于规模过大，存在垄断从而缺乏外部竞争压力，并且由于机构繁杂层级过多，协调成本增大，导致制度弊端的出现，进而影响企业的生产效率，降低了企业内部的资源配置效率；Chandler(1993)[225]发现交易成本理论能够从一定角度解释规模经济的科学性，受利益的诱导，当企业协调与市场机制相比能够产生更高的生产效率和利润时，大规模多功能的企业就会取代小规模的传统企业。

3. 资源基础观

资源基础观是战略管理领域的重要理论之一，主要研究的是战略管理领域的核心问题，即企业间存在绩效差异的原因以及企业如何利用资源的异质性获得竞争优势。资源基础观认为企业的本质是各种资源的集合体，企业所拥有的资源具有异质性，这些异质性资源决定了企业竞争能力的差异。

资源基础观从资源的角度阐述了企业之间出现竞争优势差异和绩效差异的根本原因。企业资源基础观有两个重要的前提假设：①企业所拥有的资源具有异质性。企业具有不同的有形资源和无形资源，这些资源可以转变为企业独特的能力。Penrose(1959)[226]认为企业内部资源所产生的生产性服务的异质性决定了企业的独特性。②资源在企业之间不是完全流动的。他认为企业资源有优劣之分，并且企业内部资源具有不完全流动性，因此造成了市场的失灵，从而生产性要素所产生的效率不同，使企业内部资源的异质性得以持续。

资源基础观最早是由 Penrose(1959)[226]在《企业成长理论》一书中提出的，他认为企业实际上是资源的集合体，企业内部的资源和能力是企业获得经济效益的坚实基础，企业间之所以会出现绩效差异和竞争优势的不同，最根本的原因是企业的资源禀赋差异。随后，Wernefelt(1984)[227]发表的《企业资源基础观》一文标志着资源基础观理论的正式诞生。他在文中首次明确提出了“资源基础观”，强调企业内部资源对企业获得超额利润和维持竞争优势有着重要意义。企业在拟定战略决策时，应该放弃传统的产品角度，而以企业资源的角度进行考虑，充分利用企业的资源优势来形成持续的竞争优势。在继承和发展前人研究的基础上，Barney(1986)[228]、Peteraf(1993)[229]、Grant(1996)[230]等人对资源基础观不断发展，使其逐渐成为一个较为完善的理论体系，即“资源基础理论”。

资源基础理论的主要观点包括：①企业是各种资源的集合体，包括各种有形资源和无形资源，企业的竞争优势来源于企业资源差异性。②不同资源为企业带来的竞争优势是不同的，只有稀缺的、有价值的、不可模仿的资源才能为企业带来持续性的竞争优势。③有价值的稀缺资源对企业竞争优势的贡献取决于资源被模仿的难易程度。

4. 内部控制理论

1992 年，美国 COSO 委员会提出《内部控制——整体框架》[231]，该报告对现代企业内部控制具有重要的影响。报告对内部控制的定义是："内部控制是由企业董事会、管理层和其他员工共同实施的，为了实现经营的效率和效益、保证财务报告信息的真实和可靠、遵循现有法律法规等目标而提供合理保证的过程。"内部控制的五要素分别是控制环境、风险评估、控制活动、信息与沟通和监控，这五个要素之间相互影响和渗透，共同构成了内部控制的整体。

控制环境是指对特定的内部控制政策和程序的效率产生影响的各种因素，包括：员工的诚实与道德，员工的胜任能力，董事会或审计委员会，管理层的理念和经营方式，企业组织结构，权责分配的方式等。它是内部控制要素的基础，也是一切要素的核心，企业的内部控制都处于一定的控制环境之中，控制环境的好坏直接决定了内部控制实施的效果。

风险评估是指管理层对可能影响目标实现的企业内部和外部风险进行识别与分析。由于企业在经营过程中会面临各种内部和外部风险，因此需要对这些风险进行评估，为以后的风险应对方案提供基础。风险识别是对外部因素和内部进行检查，其中外部因素有技术发展、经济变化等，内部因素有员工素质、信息系统处理的特点等。风险识别包括估计风险的重大程度、评价风险发生的可能性以及如何管理风险等。

控制活动是管理者制定和实行的一系列政策和程序，为了保证管理指令能有效执行对确认的风险所采取的必要措施，它是风险评估阶段的延续，也是化解风险的过程。控制活动贯穿于整个内部控制阶段的各个阶层和职能部门，主要包括业绩评价、信息处理、实物控制和职责分离四大类。

信息与沟通是指企业要识别、捕捉和交流内部和外部信息，使员工能履行职责，信息在企业内外部能有效沟通。良好的信息沟通需要信息在企业内部，无论是自上而下、自下而上还是横向都能有效传递，并且还可以与外界进行有效沟通。通过沟通，管理者可以及时了解到工作进展情况以及目标的偏离水平，员工也能清楚自己的职责与作用，及时将问题反馈到管理层，以便管理者做出相应预防与改进措施。

监控是指评估企业内部控制质量，跟踪、检测和调节内部控制的框架和运行情况，保证其有效性。随着时间的推移和环境的不断变化，监控也在不断地、实时地对企业内部控制进行评价，帮助企业快速发现问题并采取应对措施。因此，监控也可以看作是对企业内部控制活动的一种再控制。

5. 梯度转移理论

梯度转移理论是在产品生命周期理论的基础上，经过威尔斯和赫希哲的验证和发展，区域经济学家又将该理论引入到区域经济学中，从而产生梯度转移理论。

梯度转移理论认为，由于区域之间资源禀赋、地理条件、产业结构状况等因素存在差异，所以不同区域之间的经济发展水平和技术发展水平往往呈现梯度差异。

同时，一个区域的经济发展梯度水平取决于其产业结构的状况，而产业结构的状况又取决于区域经济部门的主导产业在产品生命周期所处的阶段。俞国琴(2007)[232]研究发现，当区域主导产业处于生命周期的初创期或成长期时，该区域是高梯度区域；而当区域主导产业处于生命周期的成熟阶段后期或衰退期时，该区域是低梯度区域。施祖麟(2007)[233]发现客观上存在产业由高梯度区域向低梯度区域转移的趋势，产生这种趋势的原因是：当高梯度区域的产业发展到生命周期的成熟和衰退阶段时，技术变得容易掌握，生产也开始标准化，从原来的技术密集型变为劳动密集型。而对于高梯度区域来说，这类产业所生产的产品已经饱和，同时受到低梯度区域低工资、低原材料价格等优惠的吸引，所以产业会由高梯度区域向低梯度区域进行转移。

根据梯度转移理论，由于区域之间存在发展差距，产业会由高梯度区域向低梯度区域转移，最终会实现区域经济的一体化。因此，应该首先加快发达地区的发展，然后通过由高梯度区域向低梯度区域的产业转移，可以带动不发达的低梯度地区的经济发展，最终实现经济一体化。在梯度转移理论的指导下，我国在沿海地区实行改革开放，接收了来自世界各国高梯度区域的产业转移，而后通过先富带后富，实施西部大开发等战略，将沿海地区的高梯度产业向西部低梯度区域进行转移，最终实现了共同繁荣。

该理论忽视了高梯度区域也有落后地区，而低梯度区域也有发达地区的事实，固定地按照梯度来进行推进，很有可能会让不同梯度区域发展的位置凝固化了，差距不断扩大，使发达地区更加发达，落后地区更加落后。

6. 看不见的手

英国经济学家亚当·斯密[234]在《国富论》中首次提出了“看不见的手”的理论，书中提到“社会中的每个人都在力图追求个人满足，一般说来，他并不企图增进公共福利，也不知道他所增进的公共福利为多少，但在这样做时，有一只看不见的手引导他去促进社会利益，并且其效果要比他真正想促进社会利益时所得的效果更大”。在这里“看不见的手”是一个隐喻，实际上指的是市场机制。正常情况下，市场会以它内在的机制维持其运行。在经济人的理性原则下，人们的选择都是理性的，这些理性选择逐步形成了市场的价格机制、供求机制和竞争机制，这些机制就像一只看不见的手，支配每个人按照市场规律决策。亚家·斯密认为依靠自由竞争的价格机制就能调节社会产品的供需平衡，实现社会资源的最优配置，他主张实行自由放任的市场经济。

后来，“看不见的手”表示资本主义完全竞争模式，特征是私有制，市场主体拥有自由的决策权和退出权，自由竞争，政府无须干涉经济活动。在完全竞争的条件下，生产是小规模的，个别的生产者不会对市场价格产生影响，消费者用货币决定产品的产量和质量。生产者追求利润最大化,消费者追求效用最大化,价格可以自由地反映供求变化情况,它的作用是配置稀缺资源和分配商品与劳务。通过看不见的手,企业家获得利润,工人获得由竞争的劳动力供给决定的工资,土地所有者获得地租。供给自动地创造需求,储蓄与投资保持平衡。通过自由竞争,整个经济体系达到一般均衡,在处理国际经济关系时,遵循自由放任原则。政府不对外贸进行管制。“看不见的手”反映了早期资本主义自由竞争时代的经济现实。

3.1.3 盈余管理与公司效率关系的相关理论

1.逆向选择

逆向选择是指由于交易双方的信息不对称,导致市场上优质商品被驱逐,只剩下劣质商品,使市场商品平均质量下降的现象。逆向选择有两点基本含义:①信息不对称是逆向选择行为的前提,因为只有交易双方的信息是不对称的,他们的行为才会偏离“理性人”的假设条件;②逆向选择行为导致市场上没有优质商品,只剩下劣质商品,这就形成了“劣币驱逐良币”的效应,使市场的运行无法实现交易的帕累托最优,造成资源的浪费。

逆向选择这一术语最早起源于保险业,美国经济学 Akerlof(1970)[217]在其代表作《柠檬市场质量不确定性和市场机制》一文中,阐述了逆向选择行为是如何产生的,以及逆向选择行为会对市场产生怎样的影响,并构建了一个“二手车市场”的模型,其中只有卖主知道自己车子的质量,而顾客无法知道车子的质量,他们只知道优质旧车和劣质旧车在市场中的概率,因此只愿意支付旧车平均质量的价格。在这个价格下,只有劣质旧车的卖主才会愿意成交,质量好于平均质量的旧车就会因为价格偏低而退出市场,结果就是,随着越来越多质量好于平均质量的旧车退出市场,旧车市场的平均质量继续下降,因而顾客愿意支付的价格也进一步下降,导致更多的高质量汽车退出市场,最终产生“劣胜优汰”的现象。其研究认为当买卖双方对二手商品质量信息不对称时,就会出现市场失灵现象,无法实现帕累托最优的交易。

胡海鸥(2003)[235]认为虽然逆向选择的含义与信息不对称和机会主义行为有关,但却超出了这两者所涵盖的范围,逆向选择是制度安排不合理而造成的市场资源配置效率扭曲的现象,而不是任何一个市场参与方的事前选择。与 Akerlof(1970)[217]关于逆向选择的定义相比,二者都认为信息不对称是逆向选择行为产生的根本原因,而且逆向选择会导致市场资源配置的低效率。胡海欧在此基础上,用机会主义和制度因素来解释逆向选择行为的产生,更加符合现实情况。

2.道德风险

道德风险是指签订合同的双方,其中一方所面临的对方可能改变行为而损害到自己本方利益的风险。例如，某人与保险公司签订合同，此时该人的行为成本部分或全部由保险公司承担，保险公司面临道德风险。因为如果此人违约造成了损失，保险公司要承担大部分后果，所以此时该人缺少不违约的激励，只有靠自己的道德进行约束，他改变行为造成的损失要由保险公司承担，保险公司承担了损失的风险。

道德风险的概念最早起源于海上保险，当时道德风险专门用来形容被保险人为了获取保险赔偿而故意制造保险事故的行为。20 世纪 60 年代，经济学家阿罗最早开始研究道德风险问题。通过对医疗保险中的道德风险问题进行研究，他发现，如果雇主或社会保障计划承担部分或全部医疗费用，被保险人就会出现医疗费用过度的现象，也就是说被保险人会比由自己支付医疗费用时消费更多的医疗服务，阿罗将这一现象称为“道德风险”。目前，道德风险已经成为微观经济学的重要概念之一，道德风险一词也已经引申到现实生活的各个领域，泛指市场交易中，一方故意或疏忽从而导致另一方遭受损失的行为。

学界对道德风险的定义有狭义与广义之分。Eatwell(1987)[236]认为狭义的道德风险主要是指主动过失性的道德风险，从事经济活动的人在最大限度增进自身效用的同时，不惜损害他人的利益。广义的道德风险不仅包括狭义上的主动过失性的道德风险，还包括在委托代理合同中，代理人因为合同签订、责任有限等原因产生心理上的疏忽大意，从而给委托人造成损失的风险行为。

3. 代理冲突

代理问题是指由于代理人和委托人的目标函数不一致，以及存在不确定性和信息不对称，代理人有可能偏离委托人目标函数而委托人难以观察和监督，从而出现代理人为了自身利益而损害委托人利益的现象，又称为委托代理问题。代理问题存在的原因是代理人和委托人在利益上存在潜在的冲突，而其直接原因则是所有权和控制权的分离，本质原因在于信息的不对称。把代理冲突按照主体进行划分，分为管理层与股东间的代理冲突、股东与债权人之间的代理冲突和大小股东的代理冲突三类。

管理层与股东的代理冲突主要表现为过度投资。Jensen(1986)[237]研究得出由于现代企业存在两权分离的制度，股东和管理者之间存在利益冲突，股东追求的是企业利润的最大化，而管理层更关注自身利益的最大化，包括工资、薪金和福利等。正是由于两者的利益诉求不同，管理层和股东之间便产生了代理冲突。对于管理层来说，由于个人收益和企业规模呈正比，所以管理层有动机不断扩大企业规模。这往往会给管理层带来好处，但却可能损害企业和股东的利益。

股东与债权人的代理冲突一般表现为过度投资和投资不足两种情况，其中过度投资现象更为常见。一方面，股东在企业破产时只需要以投资额为限承担有限责任，但当企业盈利时其收益却没有上限要求。另一方面，债权人在企业破产时很可能本息全无，在企业盈利时只有固定有限的利息收益。正是由于股东与债权人的风险和收益的不均衡，企业在获得债务融资时，会有强烈的动机进行投资，因此股东与债权人之间产生代理冲突。股东与债权人的冲突也可能表现为投资不足。Myers(1977)[238]认为当企业负债水平过高时，由于大部分收益都要以利息的形式支付给债权人，所以股东会缺乏投资的动机，造成投资不足。

大股东与小股东的利益冲突，主要表现为大股东对小股东的利益侵占行为。由于小股东一般持股比例较低，很难实现对企业的经营"用手投票"，因此大股东会利用其控制的股权或者参与企业决策的权利，通过设立子公司、关联交易、利润转移等手段来侵占小股东的利益。

3.2　模型要素

3.2.1　母子公司距离

在 20 世纪全球知识经济蓬勃兴起的背景下，距离引起了新经济地理学的热切关注。传统的距离被定义为两个主体之间的地理空间距离。随着现代信息技术和经济全球化的迅猛发展，制度环境等因素日益成为不容忽视的重要内容，学者们对距离的考察则由地理空间扩展到了制度环境等方面。地理空间距离指企业间空间距离的远近性，它反映了以目标企业为中心的区域内企业的空间接近程度；制度环境距离指企业之间制度环境的差异性，它反映了企业间所属区域制度环境状况的差异程度。基于地理空间距离和制度环境距离的解析，母子公司距离主要是指母子公司在地理空间上的离散程度和制度环境上的差异程度。值得说明的是，鉴于文化距离和技术距离与创新合作的关系更为紧密，而且其具体界定和度量分歧较大，本书仅从地理空间距离和制度环境距离两个维度考察母子公司距离的内容。

地理空间距离源于企业地域多元化。交易成本理论认为企业通过并购、合资合营等方式跨地域多元化有助于实现异地交易"内部化"，降低交易成本；规模经济理论指出地域多元化是实现规模经济(economics of scale)和范围经济(economics of scope)的一个有效手段；资源基础观认为地域多元化对异质资源的积累和核心能力的共享与协同有利；从制度经济学和经济地理学的角度看，区域与企业密不可分。企业分布是区域分割的，这不仅是地区经济利益驱动的结果，而且造成企业所面临的区域制度环境各有不同。梯度转移理论认为在中国经济环境布局中存在着明显的梯度差距特征，我国东、中、西三大区域的经济发展水平、政府干预和市场竞争环境等方面相差甚大，而且各省市的区域特征和制度环境各有不同。因此，中国企业间所属区域制度背景差异明显，制度环境迥然不同。

3.2.2 盈余管理

在第2章的文献回顾中,我们知道盈余管理的方式包括应计项目盈余管理和实际活动盈余管理。应计项目盈余管理是公司管理当局在会计准则允许的范围内,通过会计准则所保留的会计政策选择空间,对应计项目进行调整,达到盈余管理的目的;实际活动盈余管理是公司管理当局通过构造经济业务交易事项或者调整业务交易的发生时间,实现管理盈余的目的。

1. 应计项目盈余管理

传统盈余管理研究的主要内容就是应计项目盈余管理。一般而言,由于应计项目盈余管理调整的是应计项目,该种盈余管理方式影响应计利润的数额和会计盈余在各个会计期间的分布,因此对整个企业寿命年度的现金流量数额和盈余总额不会产生直接影响。应计项目盈余管理主要从以下几个途径来完成:第一是折旧方法或折旧年限的调整。通过改变各年度折旧计提数额,影响各年度的应计项目,实现盈余管理的目的。长期来看,资产折旧总额和盈余总额并不会发生变化。Keating 和 Zimmerman(1999)发现折旧方法或折旧年限的变更不仅受到税法条款变化和投资机会的影响,而且受到业绩水平的影响。当企业的业绩水平较差时,公司管理当局更倾向于采用有利于收益增加的折旧方法[52]。第二是推迟确认费用。较为常见的就是模糊资本性支出和收益性支出的界限,将收益性支出划入资本性支出,造成收益性支出分期摊销而不是一次性摊销,减少当期费用数额,避免当期盈余的降低;Daley 和 Vigeland(1983)从会计政策选择的角度,探讨了经理人员为了契约动机,对研发费用是资本化或费用化的会计处理进行选择[239];Dhaliwal, Gleason 和 Mills(2003)认为所得税费用是计算盈余账户的最后一个项目,更容易成为盈余管理的对象,发现企业为达到盈余目标,存在着操控所得税费用的现象[54];当然从整个企业寿命来看,推迟确认费用仅仅是改变了费用在各个会计期间的数额,费用总额并没有发生变化。第三是存货计价方法的调整。存货计价方法包括先进先出法、后进先出法、加权平均法、移动加权平均法和个别计价法等,不同的存货计价方法对会计盈余的影响也是不同的。Hunt, Moyer 和 Shevlin (1996)研究了后进先出法的企业在达到不同盈余目标的盈余管理行为,得出了调增盈余的证据[56];Kinney 和 Wempe(2001)也得到了美国上市公司利用存货计价方法平滑盈余的证据[57];由于存货的购入成本是不会随着存货计价方法的改变而改变的,不同的存货计价方法改变了不同会计期间的销售成本,进而影响每期的会计盈余。但是从长期来看,存货的购入成本总和与销售成本总和(或者存货出售成本)是一致的,因此存货计价方法的调整并不能改变会计盈余总和。第四是资产减值的计提和转回。资产减值的目的是挤出企业资产的水分,真实反映企业资产的质量和价值，提升会计信息的可靠性和真实性，帮助会计信息使用者进行决策。当企业的某项资产的账面价值高于其可收回的金额时，需要对该项资产的账面价值减少至可收回的金额，并将减值数额计入当期损益。因此资产减值也就成为应计项目盈余管理的工具之一。Hsieh 和 Wu (2006)考察了我国台湾在出台资产减值政策后，发现企业资产减值计提的变化情况与企业财务报告动机和经营动机密切相关[58]。Duh，Lee 和 Lin(2009)发现公司管理当局为了避免下年度盈余降低，在本年度多计提资产减值，目的是在下期转回资产减值[59]。第五是其他应计项目操控，例如长期投资核算方法、合并报表等。长期投资的核算方法包括成本法和权益法。被投资企业盈余状况不同，公司采用不同的长期投资核算方法则对公司利润产生不同的影响。例如，被投资企业处于亏损状况时，公司采用成本法更有利于公司利润的增加。所以通过长期投资核算方法的选取，公司管理当局可以实现盈余管理的目的(叶丰滢，2008)[240]；由于合并报表是会计难题之一，理论界和实务界对合并报表的会计处理很难取得一致，因此合并报表也是盈余管理的一个内容(Erickson 和 Wang，1999；朱桂芳、宋希亮和杨远，2008)[241，242]。

2. 实际活动盈余管理

公司管理当局采用实际活动盈余管理方式来管理盈余，主要出于以下原因：首先，随着会计准则的修订和完善，公司管理当局利用会计准则所赋予的应计项目调整的空间越来越小，应计项目盈余管理的难度加大。伴随着会计监管力度的增强，应计项目盈余管理的风险也变大了。其次，由于应计项目具有回转特性，公司管理当局操控应计项目的能力存在着此消彼长的现象，因此应计项目盈余管理的能力则受到企业以前年度应计利润操控程度的限制(Barton 和 Simko，2002)[107]。最后，应计项目盈余管理一般发生在会计年度末，公司管理当局不能确定是否被外部监管部门发现、获得审计师的认同。但是实际活动盈余管理不受时间的限制，不会违反会计准则的相关规定，摆脱了审计师的监督和会计准则的束缚(张俊瑞、李彬和刘东霖，2008)[174]。

实际活动盈余管理主要包括以下几个方面：第一是费用操控。公司管理当局有意调整研发费用(R&D)、广告费用和员工培训费用等开支，实现操控盈余的目的。Cohen，Mashruwala 和 Zach(2007)使用月度广告费用数据，检验了经理是否从事实际活动盈余管理来迎合季度财务报告阈值，发现经理减少广告费用来避免亏损、避免盈余减少和迎合分析师预测[243]。实际活动盈余管理下的费用操控有别于应计项目盈余管理中的推迟确认费用，前者更注重费用在当期是否实实在在地发生，涉及现金的实际流入或流出等；而后者则是以费用发生为基础的，然后考虑是否推迟确认，这就属于应计项目的内容了。第二是销售操控。销售操控就是适时性地加大价格折扣或放宽信用条件扩大销售、促进盈余提高(Graham，Harvey 和 Rajgopal,2005;Roychowdhury,2006;李彬和张俊瑞,2009)[63,66,244]。只要折扣后的价格高于成本价格,加大价格折扣或放宽信用条件就可以促进销量的快速提升,达到薄利多销的目的,相应也会增加盈余。第三是生产操控。由于固定成本的存在,生产操控就是企业利用规模效应,大量生产产品,稀释每单位产品所承担的固定成本,降低单位产品成本,提高边际收益。当增加的收益高于因过度生产而增加的存货持有成本时,随着产量的提升,盈余也就增加了。Cook,Huston 和 Kinney(2007)以美国的制造业上市公司为研究对象,发现上市公司调整生产规模,稀释固定生产成本,实现盈余目标[69]。第四是出售固定资产和证券投资等。当预计盈余水平不能达到所期望的目标时,公司管理当局可以通过变卖固定资产或证券投资来获取非常利润,提升盈余水平。Bartov(1993)认为企业经理人员为了达到平滑盈余和缓解财务压力的目的,通过适时性处置长期资产和投资来增加收入,调整盈余[245];Herrmann,Inoue 和 Thomas(2003)发现如果当期经营业绩低于上期经营业绩时,公司管理当局则大量出售固定资产和短期证券投资,获取大量收入、提升当期业绩[181]。第五是股票回购。通过股票回购,减少流通在外的股票数额,提高每股盈余。Brav,Graham 和 Harvey 等(2005)与多位企业经理人员深度访谈后,发现股利和盈余之间的关系并不是很密切,很多经理热衷于实施股票回购,是因为股票回购能够增加每股盈余[246]。

应计项目盈余管理和实际活动盈余管理是公司管理当局盈余管理的两个方式。这两个方式对应计项目和现金流量产生的影响各有差异,应计项目盈余管理主要影响应计项目,对现金流量不会有直接的影响;而实际活动盈余管理直接作用于企业的实际经营活动,对现金流量产生直接影响。

3.2.3 公司效率

由于资源的稀缺性,人类社会贯穿始终的都是在追求资源配置的最优化。资源配置效率是推动社会经济发展的动力,如何配置稀缺资源使之达到最有效率的运用方式是经济学研究的核心问题。企业作为社会经济体系的一个有机组成部分,它归根结底都必须在既定的社会经济环境中实现资源配置的最优化,达到最佳的公司效率。管理学注重资源配置的过程,企业融资是资源的第一次配置,其目的是为资源的第二次配置——投资服务,资源配置过程和结果包括融资、投资和经营三个方面(McLean 等,2012),公司效率往往通过融资效率、投资效率和经营效率来体现;经济学更注重资源配置的结果,认为最优的公司效率是企业在一定产出水平下实现投入成本最小的能力,或者在给定的要素资源投入下获得产出最大的能力,公司效率更多通过投入产出效率来体现。

亚当·斯密指出"看不见的手"能够提升效率,实现社会资源配置的最优化。

边际学派认为在边际收益相等时，效率是最优的、社会资源配置达到最大化。尽管"看不见的手"和"边际理论"从经济收益的角度回答了效率评判的标准，但是其局限性也是很明显的——忽视了单纯追求经济收益不一定带来社会福利最大的现实。福利经济学提出了帕累托最优——如果经济中再没有任何方法使某些人福利增加而又不减少其他人的福利，这种状态就达到了资源配置的最优化。帕累托最优不仅从社会福利的角度回答了公平的含义，而且从效率的角度对企业运营的结果给予了解答。在一定程度上，公司效率的提升将有助于社会福利的改善。尽管帕累托的效率标准仅具有理论研究意义，独立于现实经济特征而存在，但是它为公司效率提供了研究的理论基础、指明了公司效率测度的方向。

3.3 概念模型

契约理论认为企业是"一组契约关系的联结"，企业行为是各契约方之间博弈的结果。在约束条件下，各契约方希望从企业投入中获得相应的回报，追求个人效用的最大化。为了自身利益最大化，契约各方积极参与契约的订立、修订和执行。参与有效性有赖于对契约各方的贡献水平、参与方式及程度的了解，需要对契约各方的要素贡献和产权进行界定、计量和反映，这正是会计功能之所在。Sunder (1997)分析会计信息在契约联结中的作用时，认为会计盈余信息对契约具有构建功能[247]。会计信息有利于契约各方了解企业一定时期的财务状况、经营成果以及现金流量情况，据以作出经济决策，成为契约订立的重要参考依据；会计信息有利于公司管理当局加强日常经营管理，充分挖掘公司内部潜力，进一步提高经济效益，保障契约的有效执行；同时，会计盈余信息是评价公司内部各责任部门的工作业绩、考核公司管理当局经济责任履行情况的重要依据，对契约的评估起到一定的参考标准的作用。会计信息，尤其是盈余信息不仅是企业各方订立契约的基础和形成契约的重要内容，而且是监督契约执行过程和评估执行结果的重要依据和手段(Lambert，2001)[248]。可以看出，会计盈余信息在契约的订立、执行、监督和评价上发挥着至关重要的作用。

根据委托代理理论，契约各方通常需要预先设定一系列的报告规则和管理契约来规范和明确委托人和代理人的关系。但是契约本身具有刚性和不完备性，随着经济环境和企业经营状况的改变，维系委托人和代理人之间关系的契约将与不断变化的现实需求产生偏离和摩擦，委托人和代理人需求目标存在着差异，不可避免地存在矛盾冲突。当现行的契约不能有效协调和统一时，"契约摩擦"就产生了。公司管理当局作为能够影响和改变会计信息的契约方，则会采取盈余管理行为，通过管理会计盈余数字影响利益分配，以使契约的签订或履行更加有利于自己。基于"契约摩擦"的盈余管理行为便应运而生了。信息不对称理论认为委托人与代理人在获取企业信息方面存在着一定的差异，委托人处于信息获取劣势的地位，进而产生了委托人与代理人信息不对称。公司管理当局基于自身利益的考虑，在履行其受托责任时，通常会保留一部分企业的信息——私有信息。此外，委托人一般不直接参与公司的日常经营管理，需要付出较高的成本获取相关信息，或者受到法律和技术等方面的制约，较难亲自获得公司的真实信息。上述信息不仅包括反映企业当前的经营情况和盈利情况的数据、与企业未来发展前景和潜在风险的信息，而且包括公司管理当局需要向外界广大信息使用者及时披露的信息。委托人与受托人之间存在着信息不对称，信息交流和沟通产生阻碍，他们之间便产生了“沟通摩擦”。公司管理当局利用“沟通摩擦”，通过盈余管理掩饰不利于自身利益最大化的信息，基于“沟通摩擦”的盈余管理行为也就生成了。Schipper(1989)认为，盈余管理发生在特定的环境之中，如果委托人与代理人之间没有契约摩擦，而且他们之间的沟通顺畅且完全透明，代理人没有有关企业的私有信息，盈余管理就不会发生[21]。因此，“契约摩擦”和“沟通摩擦”为公司管理当局的盈余管理行为提供了条件。根据经济学中的“经济人假设”，公司管理当局是自利的理性人。在自身利益最大化的驱使下，为了满足股票发行动机(Chaney 和 Lewis,1995)[28]、报酬契约动机(Guidry,Leone 和 Rock,1999)[34]、债务契约动机(Watts 和 Zimmerman,1986)[38]或监管动机(Omonuk,2007)[43]，公司管理当局存在着机会主义心理，实施着盈余管理行为。

从契约理论的角度来看，会计准则是公共契约和私人契约的复合体。在会计准则制定过程中，政府也是会计信息使用者之一，它直接或间接参与了会计准则的制定。为了满足不同会计信息使用者或利益相关者的需要，降低契约成本、减少公共物品造成的市场失效，政府部门和相关机构则需要强制规范会计信息。因此，在一定程度上会计准则是根据“公共选择”原理而产生的，它是一份具有通用目的的契约，呈现出公共契约的特征。基于上述分析可以看出，由于会计信息是一种消费性、非排他性和非竞争性的公共物品，因此必然产生小股东和零散的债权人“搭便车”的现象。当小股东和零散债权人与公司管理当局之间的私人契约衰败和缺位时，具有公共契约特征的会计准则有了替补私人契约的性质，约束公司管理当局会计政策选择的空间，保护小股东、零散债权人和潜在投资者的利益。因此，会计准则又呈现出私人契约的特征。随着经济全球化步伐加快、技术进步日新月异，企业所面临的经营环境更为错综复杂、新的交易类型不断涌现，因此会计准则很难与不断变化的会计实务完全保持同步，具有一定的滞后性。为了保持会计信息的及时性和可靠性，会计准则在不断修订和完善的同时，需要保持会计准则的灵活性，以便公司管理当局根据公司实际经济情况选择最能代表经济事实的会计处理方式。因此在一定程度上，会计准则赋予了公司管理当局对日常经济业务会计处理的适当灵活性，公司管理当局具有一定的会计政策选择空间。公司管理当局的应计项目盈余管理就是基于会计政策选择空间而产生的。应计项目盈余管理是在会计准则允许的范围内,通过调整应计项目来管理盈余。实际活动盈余管理是公司管理当局通过构造经济业务交易事项或者调整业务交易的发生时间,进而调节盈余的行为,它包括销售操控、费用操控和生产操控等内容。该种盈余管理方式超出了会计准则所管辖的范围、摆脱了会计准则的束缚,更具有隐蔽性(Roychowdhury,2006;李彬和张俊瑞,2009)[63,249]。该方式不仅影响现金流量,而且影响应计利润的数额。

根据识解水平理论,个体识解是对客体信息的解读和加工过程,它不仅取决于信息的本质属性,而且依赖于识解主体与客体之间的关系,特别是主体对于信息的距离(Liberman 和 Trope,2008;Trope 和 Liberman,2010)。母子公司距离对个体识解水平的影响源于距离的远近造成事件及其背景信息的可得性和可靠性发生了变化。母子公司距离越远,客体信息的可得性和可靠性越低;距离越近,客体信息的可得性越强,也更为详细和可靠。同时,识解水平理论指出距离不仅影响个体的识解水平,而且影响到个体的决策和判断等过程。距离越近,个体将呈现出更多的利他行为;相反,母子公司距离越远,个体更容易产生自利行为。根据识解水平理论,随着母子公司在地理空间距离或制度环境距离的扩大,财务信息的可得性和可靠性将降低,财务信息的明晰性和可理解性将弱化。同时,识解水平理论指出随着距离的增加,个体自利行为发生的可能性将更高。那么,随着母子公司地理空间距离或制度环境距离的扩大,子公司管理人员的自利行为将更为严重,加剧了盈余管理的可能性和调整的程度。知识管理理论指出,根据知识能否被清晰地表述和有效地转移,可以将知识分为显性知识(explicit knowledge)和隐性知识(tacit knowledge)。在我国新会计准则中较为原则的表述明显增多,而明确量化的标准则大幅减少,意味着会计准则中隐性知识的比重有较大幅度的上升。相对于显性知识较多的旧会计标准,隐性知识较多的新会计准则对会计知识的生产和传递提出了更高的要求(李刚等,2011)。根据社会嵌入性理论,个体行为将受到其所嵌入的社会网络关系的强烈影响,个体通过与周围个体之间的社会关系活动形成了彼此之间的信任(Granovetter,1985)。个体与组织之间信任会促进隐性知识的传递和共享(Smith 等,2006)。母子公司距离造成会计信息供给方(子公司)与接收方(母公司)之间产生不确定感,母子公司距离越大意味着会计信息供给方与接收方之间的不确定感越强,信任程度越低,这就会导致信息供给方难以信任接收方,降低了会计隐性知识的共享程度,增加了公司管理当局盈余管理的可能性。另外,母子公司制度环境距离的存在意味着母子公司之间存在较大的制度背景差异,母子公司在知识共享过程中会因为政府干预、市场化水平和投资者保护等的差异影响母子公司双方对会计知识信息的理解,而不利于会计隐性知识共享行为的发生,对会计信息质量产生负面影响,进而滋生盈余管理行为。信息不对称理论认为委托人与代理人在获取信息方面存在着一定的差异，委托人处于信息获取劣势的地位。随着母子公司在地理空间距离和制度环境距离的扩大，组织结构呈现出庞大性和多级性特征，相应的代理成本和内部管理成本都会上升。根据信息不对称理论，在管理层级众多、公司结构复杂和制度环境不统一的环境中，信息的时滞和阻塞现象更为突出，“契约摩擦”和“沟通摩擦”更为严重，信息与沟通的效率则更低（Habib，1997）。此外，上市公司的不同管理层级都有通过盈余管理来寻租的动机（Wulf，2009）。因此，母子公司距离将增加信息不对称程度，为上市公司盈余管理提供了条件。

基于交易成本理论角度，母子公司在地理空间上的分散不仅将增加协调成本和运作成本，而且加大了企业管理控制的难度，代理问题将更为凸显；尤其是在信息不对称的条件下，企业经营具有复杂化、多变性的特征，子公司往往拥有资源的控制权和使用权，子公司管理当局为谋求自身利益最大化，产生“内部人控制”现象。从内部控制理论角度来看，母子公司地理空间距离增加了控制环境、风险评估和内部控制活动的复杂性，降低了信息与沟通、监督的效果，造成资源非最优配置，降低了公司效率。此外，在一定程度上，跨地域多元化将限制企业对某一特定市场或地区的精耕细作，妨碍企业低成本或差异化战略的实施（Porter 和 Millar，1985）。协调成本的增加和地区差异束缚了规模经济和范围经济功能的发挥，阻碍了公司效率的提升，即多元化折价（diversification discount）。梯度转移理论认为我国经济发展状况呈现着显著的东部、中部和西部区域梯度差距特征。上市公司地域多元化战略造成母子公司星罗棋布于不同的发展区域，不仅增加了企业所处经济环境状况和制度环境的差异程度，而且加剧了政府干预、市场竞争环境、金融发展环境和投资者法律保护的异质性，增强了公司经营行为和经营环境的不确定性；坐落于不同区域的母子公司同样面临着市场竞争环境、金融发展水平和投资者法律保护程度各有不同的情景，制度环境参差不齐。良好的市场竞争环境不仅有利于降低信息不对称和监督的成本（Kim 等，2012），缓解委托人与代理人的利益冲突，而且有利于提高公司管理当局非效率决策行为的风险和成本（Antia 等，2013）；在金融发展水平高的区域，公司将受到更多的监督和约束，降低了信息不对称程度，减少了资金供给方和资金需求方之间的交易成本；在投资者法律保护程度较高的区域或省市，意味着法律体系能够更有效地监督公司的内部人行为。利用法律的硬性监管要求更有利于提高信息透明度，对上市公司效率起到较好的监督管理效果。可以看出，母子公司距离对公司效率有着重要影响。

伴随着资本市场中存在的信息不对称和逆向选择问题，上市公司管理当局的机会主义行为时有发生，使得企业的外部融资成本往往高于内部融资成本，融资约束现象较为普遍。无论在债务融资市场还是权益融资市场上，高质量的盈余信息能够有效减少信息不对称程度，降低融资成本，提升公司效率。高质量的盈余信息向投资者传递了企业财务状况、经营成果和现金流量的真实信息，这不仅增强了投资者获取信息的能力和容量，而且为甄别其他信息的真实性提供了参考依据，有助于降低投资者的信息识别和处理风险。同时，高质量的盈余信息不仅提高了公司融资透明度，而且为降低债务融资成本、消除信贷融资约束和提高债务融资效率提供了保障机制。投资机会的识别阶段，盈余信息是投资决策中重要的信息来源，它在识别投资机会和估测投资风险方面具有其他信息源无可替代的效果。高质量的盈余信息提供了与投资项目的前景预期、现金流量水平预计和市场波动等相关的信息，提高了投资决策者识别投资机会的能力和效率。在投资决策的执行阶段，高质量的盈余信息能够对管理当局的机会主义倾向和私利行为进行监督和约束，减少委托人与代理人目标函数的不一致性，降低代理冲突和代理人的道德风险。高质量的盈余信息有助于降低契约不完备程度，有效地激励企业管理当局认真执行投资决策，提高投资效率。控制论指出控制就是通过信息的传输、变换、加工、处理来实现组织系统平稳运转和稳定，维持系统功能的正常发挥。高质量的盈余信息则说明企业的控制机制和信息技术能力良好，这意味着企业对组织结构、制度安排和组织运行能够有效控制，同时也说明了企业运用和配置自身信息技术资源来整合其他资源的能力较强。高质量的盈余信息不仅有利于管理层降低道德风险和逆向选择，而且有助于引导资源有效流动、提升公司效率。

根据现代行为学理论，人们通常具有机会主义倾向，竭力减少自已的投入成本，往往选择有利于实现自身利益最大化的短期行为，较少顾及该行为对他人的影响。公司管理当局的盈余管理行为是基于管理当局自身利益的提升、个人效用的最大化而实施的，它属于机会主义行为的范畴。在公司管理当局的应计项目盈余管理中，应计项目的回转特性决定了公司管理当局在某个会计期间通过调整应计项目、提升会计盈余的做法，在一定程度上将会降低未来会计期间的会计盈余。例如当资产账面余额高于其可收回的金额时，说明资产可能发生了减损迹象，公司管理当局需要对其可收回金额进行估计和判断，提取资产减值准备，并计入当期损益。但是资产减值准备的计提将会降低企业会计盈余，因此公司管理当局为了避免会计盈余的降低，存在着不确认和计提资产减值损失的行为。随着时间的推移，如果该项资产可收回的金额持续下跌，而且需要处理时，则造成处理当期的会计盈余急剧下降。因此利用资产减值准备进行盈余管理的行为是较为普遍的(陆建桥，1999；王建新，2007；Riedl，2003；Yamamoto，2008)[45,92,250,251]。由于公司管理当局可以调整应计项目数额在企业会计期间的反映和分布，因此当企业运用应计项目操控不断虚增会计盈余时，而需要回转的应计项目数额则不断增加，随着时间的推移，最终会出现应计项目集中回转，形成应计项目巨额冲销的局面，施乐公司和世通公司出现的“大洗澡”(big bath)现象就是如此(Hoje 和 Yongtae，2007)[252]。公司管理当局的实际活动盈余管理行为是通过构造经济业务交易事项或者调整业务交易的发生时间，对当期会计盈余的提升和改善具有直接效果，但是这种效果并不是来源于企业实际的经营活动，并不能真实反映企业的经营实力和发展潜力(Cohen 和 Zarowin，2008)[253]，因此不是企业财务业绩的真实体现(Teoh，Welch 和 Wong，1998)[254]。不论是应计项目盈余管理，还是实际活动盈余管理，它们都是公司管理当局的短期行为，其最终的目的是一致的——粉饰企业经营业绩，避免企业收益出现剧烈波动，或者实现企业收益比上年度略有增长，或者达到扭亏为盈的效果等，这些正面效应往往是短暂的，昙花一现之后，盈余管理的负面效果也渐渐彰显了(Rangan，1998；Shivakumar，2000)[255，256]。在一定程度上，盈余管理行为不仅反映了企业经营状况的恶化和发展后劲的不足，而且有损于公司未来的正常发展，对公司效率带来不利的影响。

在上述理论基础中，本书根据契约理论分析了会计盈余信息的重要性，依据委托代理理论和信息不对称理论阐述了盈余管理的产生和动机，从识解水平理论、知识管理理论和信息不对称理论分析了母子公司距离对盈余管理的影响，从交易成本理论、内部控制理论和梯度转移理论论述了母子公司距离对公司效率的作用机理，基于信息不对称、逆向选择和代理冲突阐明了盈余管理对公司效率的影响。在上述理论铺垫的基础上，本书将母子公司距离、盈余管理和公司效率纳入一个分析框架，提出本书的概念模型，研究母子公司距离、盈余管理和公司效率之间关系的内在本质，具体见图 3-1。其中，母子公司距离包括母子公司地理空间距离和母子公司制度环境距离，盈余管理方式包括应计项目盈余管理和实际活动盈余管理，实际活动盈余管理则通过销售操控、费用操控和生产操控来考察，公司效率通过全要素生产率来反映。

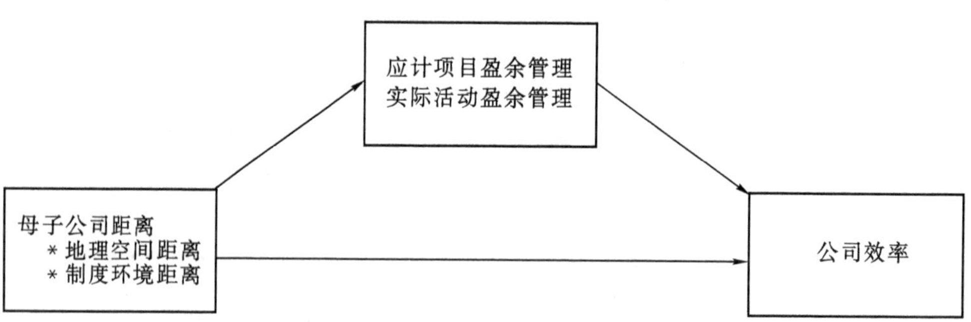

图 3-1 概念模型

3.4　假设提出

3.4.1　母子公司距离和盈余管理之间的关系

1. 模型设定

借鉴 Fischer 和 Verecchia(2000)[257]、Ewert 和 Wagenhofer(2005)[91] 的研究,本书假设参与方是委托人(股东)和代理人(公司管理当局),两方均为风险中性。

先验条件:企业终值 $\tilde{v}$ 服从正态分布,其均值和方差分别为 $E[\tilde{v}]>0$ 和 σ_v^2。为了聚焦于盈余管理决策,我们不再详细考虑公司管理当局所做出的影响 $\tilde{v}$ 的其他经营决策。

为了便于分析,我们假定委托人为代理人提供了仅有两个阶段的合同关系情况。在第一阶段,公司管理当局从事盈余管理行为;在第二阶段会计信息质量的粉饰效应被释放了。应计项目回转现象发生在第二阶段。这两个阶段是多期的缩影,各期的盈余管理策略的选取是独立的(Ewert 和 Wagenhofer,2005)[91]。

2. 会计系统

企业的会计系统依据会计准则的要求记录日常交易事项,并生成每期的真实会计信息。每期的真实会计信息由 x_t 来汇总表示。在 t 期期末,公司管理当局观察到真实盈余信息 x_t,而披露的盈余为 y_t。由于盈余管理的缘故,真实盈余信息 x_t 与披露的盈余 y_t 存在着偏差。

3. 盈余管理

公司管理当局的盈余管理包括应计项目盈余管理和实际活动盈余管理,b_A 和 b_R 分别表示应计项目盈余管理程度和实际活动盈余管理程度,并假定 b_A 和 b_R,均大于零。因为在上市公司中虚增盈余的行为更为常见(Bartov,Givoly 和 Hayn,2002;Cohen,Dey 和 Lys,2008;洪剑峭和娄贺统,2004)[31,189,258]。

在第一阶段,公司管理当局在观察到真实盈余信息 x_1 后,选择 b_A 和 b_R 来粉饰盈余信息,使披露的盈余为 y_1。μ_t 为影响真实会计信息的外生随机变量,$\mu_t \sim (0, \sigma^2)$。

$$y_1 = x_1 + \mu_1 + b_A + b_R \tag{3-1}$$

如前文所述,应计项目盈余管理是通过应计项目调整来实现的,由于应计项目具有回转特性,在假定所有者权益符合净剩余关系的条件下,在第二阶段应计项目回转额为 b_A。

实际活动盈余管理是公司管理当局通过构造经济业务交易事项或者调整业务交易的发生时间来实现的。该种方式加重了企业成本，有损于企业未来价值，使得第二阶段的盈余减少量大于 b_R。假定上述成本是实际活动盈余管理的一次线性函数，其函数表达式为 cb_R，$c>1$，并假定该成本发生在第二阶段。

从事实际活动盈余管理使得披露的盈余在第二阶段减少 cb_R，因此公司管理当局所能观察到的真实盈余 y_2 也随之而变化。Ewert 和 Wagenhofer(2005)[91]、Gunny(2005)[68]、Cohen 和 Zarowin(2008)[253]的研究认为实际活动盈余管理对企业未来盈余有着负面影响，所以第一阶段的盈余管理决策将造成第二阶段的披露盈余如下：

$$y_2 = x_2 + \mu_2 - b_A - cb_R \quad (3-2)$$

4. 公司管理当局的效用

通常而言，公司管理当局管理盈余的动机较多。本书通过基于报酬的公司管理当局效用函数来描述上述因素。委托人采用线性激励函数方式对代理人支付报酬，即代理人获得的报酬为 $w_t = \alpha + \beta y_t$。其中 α 为代理人的固定收入($\alpha>0$)，β 为代理人对报告收益的分享份额($\beta>0$)，则公司管理当局的两阶段效用函数如下：

$$w_1 = \alpha + \beta(x_1 + \mu_1 + b_A + b_R) \quad (3-3)$$

$$w_2 = \alpha + \beta(x_2 + \mu_2 - b_A - cb_R) \quad (3-4)$$

由于公司管理当局普遍存在着短期行为，更注重个人短期利益的实现(Ewert 和 Wagenhofer，2005)[91]，因此假定公司管理当局主要从第一阶段的披露盈余中获取个人报酬，而在第二阶段则发生应计项目盈余管理的回转和实际活动盈余管理对企业未来盈余的负面影响。

负效用函数 C 是应计项目盈余管理 b_A 和实际活动盈余管理 b_R 的凸函数：

$$C(b_A, b_R) = (b_A^2/r + 2kb_Ab_R + cb_R^2/r)/2 \quad (3-5)$$

负效用函数 C 表示了公司管理当局为管理盈余而花费的时间和精力以及个人诉讼风险等。本书假定负效用函数 C 是存在于应计项目盈余管理和实际活动盈余管理之外的，它们之间不存在直接的相互影响。负效用函数 C 是凸函数，表明了在既定盈余管理水平下，公司管理当局继续盈余管理的难度将会增大。系数 r 表示母子公司距离的大小，$0\leq r\leq 1$，r 值越大，说明母子公司距离越大；对 r 取倒数是为了刻画随着母子公司距离的增大，应计项目盈余管理的成本降低。系数 k 表示应计项目盈余管理和实际活动盈余管理对公司管理当局负效用的共同作用。已有文献表明应计项目盈余管理和实际活动盈余管理是替代关系(Cohen，Dey 和 Lys，2008；Wang，2006)[189，259]，所以 r 的取值范围为 $0<k\leq 1$。随着 r 的增加，应计项目盈余管理与实际活动盈余管理的替代程度也越来越高。

图 3-2 表明了事件发生的时间顺序。

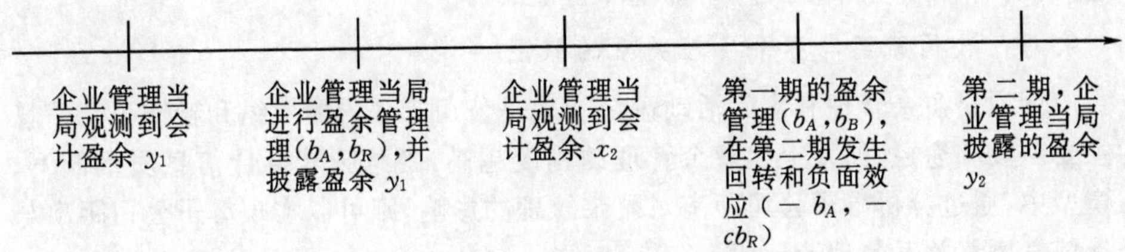

图 3-2 模型时间轴

5. 均衡方程

由于代理人是风险中性的,代理人的期望效用等于期望收入。在效用函数中,在真实盈余 x_t 和成本系数 c 下,公司管理当局选择 b_A 和 b_R 使得效用水平最大化。

$$b_A^*, b_R^* \in \underset{b_A, b_R}{\arg\max} Ew_1 + Ew_2 - (b_A^2/r + 2kb_A b_R + cb_R^2)/2 \quad (3-6)$$

一般而言,公司管理当局的最优盈余管理决策 b_A^* 和 b_R^*,它们是公司管理当局的私有信息。在均衡里,$\hat{b}_A = b_A^*$,$\hat{b}_R = b_R^*$。

可以证明,公司管理当局无盈余管理行为($b_A^* = b_R^* = 0$)的均衡是不存在的。

公司管理当局使其效用达到最大化:

$$\hat{\alpha} + \hat{\beta}(x_1 + \mu_1 + b_A + b_R) + \hat{\alpha} + \hat{\beta}(x_2 + \mu_2 - b_A - cb_R) - (b_A^2/r + 2kb_A b_R + cb_R^2)/2 \quad (3-7)$$

效用函数最大化的一阶条件是:

$$\partial U/\partial b_A = b_A^*/r + kb_R^* = 0 \quad (3-8)$$

$$\partial U/\partial b_R = \hat{\beta} - c\hat{\beta} - kb_A^* - cb_R^* = 0 \quad (3-9)$$

在均衡里市场的预期值应等于公司管理当局的预期值,即 $\hat{\beta} = \beta$,则最优的盈余管理程度为:

$$b_A^* = -\beta kr(1-c)/(c - rk^2) \quad (3-10)$$

$$b_R^* = \beta(1-c)/(c - rk^2) \quad (3-11)$$

总盈余管理程度为:

$$b_A^* + b_R^* = -\beta kr(1-c)/(c - rk^2) + \beta(1-c)/(c - rk^2) \quad (3-12)$$

命题 1:存在一个均衡,在该均衡里公司管理当局存在盈余管理行为,即 b_A^* 和 b_R^* 不同时为 0。

证明:

均衡的一阶条件:

$$\partial U/\partial b_A = -b_A^*/r - kb_R^* = 0 \quad (3-13)$$

$$\partial U/\partial b_R = \beta - \beta c - kb_A^* - cb_R^* = 0 \quad (3-14)$$

结合模型(3-10)和模型(3-11),如果 $b_A^* = b_R^* = 0$,则$(1-c) = 0$,这与 $c > 1$

矛盾，说明 b_A^* 和 b_R^* 不同时为 0。命题 1 得证。

6. 母子公司距离与盈余管理关系的假设

应计项目盈余管理和实际活动盈余管理是公司管理当局操纵和粉饰盈余信息的主要手段和途径，如果上述盈余管理的程度越高，则意味着会计信息质量低下。在模型中，通过分析母子公司距离对盈余管理的影响，则可以实现母子公司距离与会计信息质量关系的理论证明。

命题 2：随着母子公司距离的增大，总盈余管理程度增大。

对总盈余管理程度（模型 3－12）求导数：

$$\partial(b_A^* + b_R^*)/\partial r = \beta(1-c)k(k-c)/(c-rk^2)^2 \tag{3-15}$$

由于 $c>1, 0<k\leqslant 1$，因此

$$\partial(b_A^* + b_R^*)/\partial r > 0 \tag{3-16}$$

命题 2 得证。综合以上分析，我们可以看出，随着母子公司距离 r 的增加，总盈余管理 $b_A^* + b_R^*$ 也增加，即母子公司距离越大，盈余管理程度越高。在研究过程中，本书从地理空间距离和制度环境距离两个方面刻画母子公司距离，从应计项目盈余管理和实际活动盈余管理反映盈余管理的内容，揭示母子公司距离与盈余管理的关系。因此，本文提出假设 1：

H1：母子公司距离越大，盈余管理程度越高。

H1.1 母子公司距离越大，上市公司应计项目盈余管理程度越高。

H1.2 母子公司距离越大，上市公司实际活动盈余管理程度越高。

3.4.2 母子公司距离对公司效率的影响

上市公司地域多元化战略使得母子公司在地理空间上具有分散性。基于交易成本理论角度，母子公司在地理空间上的分散有利于企业获取更大的市场话语权，提升垄断优势，降低企业非系统性风险和交易成本；基于规模经济理论角度，母子公司在地理空间上的分散不仅有利于企业获得规模经济性和范围经济性，因为跨地域多元化有助于企业开拓新市场、获得市场份额，而且促进了企业内部资源的共享和核心能力的协同；基于资源基础观角度，母子公司在地理空间上的分散有利于企业获得关键性资源，促进资源流动的便捷性和战略转移的灵活性，提升竞争优势和公司效率，即多元化溢价(diversification premium)。

不容忽视的是，母子公司在地理空间上的分散不仅将增加协调成本和运作成本，而且加大了企业管理控制的难度，代理问题将更为凸显；尤其是在信息不对称的条件下，企业经营具有复杂化、多变性的特征，子公司往往拥有资源的控制权和使用权，子公司管理当局为谋求自身利益最大化，产生“内部人控制”现象。从内部控制理论角度来看，母子公司地理空间距离增加了控制环境、风险评估和内部控制

活动的复杂性，降低了信息与沟通、监督的效果，造成资源非最优配置，降低了公司效率。此外，在一定程度上，跨地域多元化将限制企业对某一特定市场或地区的精耕细作，妨碍企业低成本或差异化战略的实施(Porter 和 Millar，1985)。协调成本的增加和地区差异束缚了规模经济和范围经济功能的发挥，阻碍了公司效率的提升，即多元化折价。

与西方发达的市场经济环境相比，我国是经济发展非均衡的转轨经济国家。由于受到地理空间因素、历史进程和资源禀赋等“硬环境”以及国家政策、文化背景和经营理念等“软环境”的影响，在经济发展状况和制度环境方面，不论是东部、中部和西部区域差异还是省市差异，在不同程度上烙下了“区域板块”和“省市板块”的特征。不同区域和省市的公司所面临的政府干预、市场竞争环境、金融发展环境和投资者法律保护等方面大相径庭，母子公司制度环境迥然不同。母子公司制度环境差异将对上市公司的公司效率产生影响。

梯度转移理论认为我国经济发展状况呈现着显著的东部、中部和西部区域梯度差距特征。上市公司地域多元化战略造成母子公司星罗棋布于不同的发展区域，不仅增加了企业所处经济环境状况和制度环境的差异程度，而且加剧了政府干预、市场竞争环境、金融发展环境和投资者法律保护的异质性，增强了公司经营行为和经营环境的不确定性；坐落于不同省市的母子公司同样面临着市场竞争环境、金融发展水平和投资者法律保护程度各有不同的情景，制度环境参差不齐。良好的市场竞争环境不仅有利于降低信息不对称和监督的成本(Kim 等，2012)、缓解委托人与代理人的利益冲突，而且有利于提高公司管理当局非效率决策行为的风险和成本(Antia 等，2013)；在金融发展水平高的区域或省市，公司将受到更多的监督和约束，降低了信息不对称程度，减少了资金供给方和资金需求方之间的交易成本，这将对融资效率产生影响；在投资者法律保护程度较高的区域或省市，意味着法律体系能够更有效地监督公司的内部人行为。利用法律的硬性监管要求更有利于提高信息透明度，对上市公司的公司效率起到较好的监督管理效果。

此外，采用经济学模型分析母子公司距离对公司效率的影响。

命题 3：随着母子公司距离的增大，委托人的收益 U_P 减少，意味着公司效率降低。

委托人的收益为：

$$U_P = x_1 - w_1 + (x_2 - w_2) \tag{3-17}$$

因为委托人是风险中性的，委托人的期望效用等于期望收益：

$$EU_P = x_1 - Ew_1 + (x_2 - Ew_2) = x_1 - \alpha - \beta(x_1 + b_A^* + b_R^*) + x_2 - \alpha - \beta(x_2 - b_A^* - cb_R^*) \tag{3-18}$$

对委托人的期望效用(模型 3-18)求导数：

$$\partial EU_P / \partial r = -\beta^2 (c-1)^2 k^2 / (c - rk^2)^2 < 0 \tag{3-19}$$

命题3得证。综合以上分析，我们可以看出，随着母子公司距离 r 的增加，委托人的期望效用 EU_P 在降低，即母子公司距离越大，上市公司的公司效率越低。在研究过程中，本书从地理空间距离和制度环境距离两个方面刻画母子公司距离，揭示母子公司距离与公司效率的关系。因此，本文提出假设2：

H2：母子公司距离越大，上市公司的公司效率越低。

H2.1 母子公司地理空间距离与公司效率成负向关系。

H2.2 母子公司制度环境距离与公司效率成负向关系。

3.4.3 上市公司盈余管理与公司效率的关系

伴随着资本市场中存在的信息不对称和逆向选择问题，上市公司管理当局的机会主义行为时有发生，使得企业的外部融资成本往往高于内部融资成本，融资约束现象较为普遍。无论在债务融资市场还是权益融资市场上，高质量的会计信息能够有效减少信息不对称程度，降低融资成本，提升融资效率。在权益融资市场上，会计信息是权益投资者最为关注的决策信息。高质量的会计信息向投资者传递了企业财务状况、经营成果和现金流量的真实信息，这不仅增强了投资者获取信息的能力和容量，而且为甄别其他信息的真实性提供了参考依据，有助于降低权益投资者的信息识别和处理风险。因此高质量的会计信息能够促进权益融资成本的降低。在债务融资市场上，显性成本（利息、交易费用）和隐性成本（风险溢价）构成了债务融资成本的主要内容。债权人通常基于会计信息对企业资信状况和借贷风险进行评估，用于确定信贷资金的显性成本和隐形成本。高质量的会计信息不仅提高了公司融资透明度，而且为降低债务融资成本、消除信贷融资约束和提高债务融资效率提供了保障机制。投资机会的识别和投资决策的执行共同决定了投资效率的高低。在投资机会的识别阶段，认知能力有限和信息收集处理偏差的双重约束阻碍了投资决策者对投资机会的识别和投资风险的估计能力，造成投资过度或投资不足。会计信息是投资决策中重要的信息来源，它在识别投资机会和估测投资风险方面具有其他信息源无可替代的效果。高质量的会计信息提供了与投资项目的前景预期、现金流量水平预计和市场波动等相关的信息，提高了投资决策者识别投资机会的能力和效率。在投资决策的执行阶段，会计信息能够对管理当局的机会主义倾向和私利行为进行监督和约束，减少委托人与代理人目标函数的不一致性，降低代理冲突和代理人的道德风险。高质量的会计信息有助于降低契约不完备程度，有效地激励企业管理当局认真执行投资决策，提高公司决策效率。控制论指出控制就是通过信息的传输、变换、加工、处理来实现组织系统平稳运转和稳定，维持系统功能的正常发挥。高质量的会计信息则说明企业的控制机制和信息技术能力良好，这意味着企业对组织结构、制度安排和组织运行能够有效控制，同时也说明了企业运用和配置自身信息技术资源来整合其他资源的能力较强。高质量的会计信息不仅有利于管理层降低道德风险和逆向选择，而且有助于引导资源有效流动，提升公司效率。

应计项目盈余管理并不改变企业实际盈余的总额，仅仅是改变了企业实际盈余在不同会计期间的反映和分布。公司管理当局通过应计项目盈余管理粉饰企业经营业绩，避免企业收益出现剧烈波动，或者实现企业收益比上年度略有增长，或者达到扭亏为盈的效果等。但是这种效果并不是来源于企业实际的经营活动，并不能真实反映企业的经营实力和发展潜力(Cohen 和 Zarowin，2008)[253]，因此不是企业财务业绩的真实体现。在一定程度上，盈余管理行为不仅反映了企业经营状况的恶化和发展后劲的不足，而且有损于企业未来的正常发展(Chen 和 Yuan，2004)[95]，对公司效率带来不利的影响。例如，有些企业为了获得首次公开发行股票的资格，通过应计项目盈余管理使得股票发行前的会计期间财务业绩大幅改观，不仅获取了发行资格，而且提升了股票发行价格。但是在股票发行后的会计期间财务业绩则大幅下滑。Teoh，Welch 和 Wong(1998)研究了美国 IPO 公司的长期财务业绩与应计项目盈余管理的关系，发现 IPO 时期的可操控应计最高——应计项目盈余管理程度最大；在 IPO 后的三年其财务业绩则显著降低[94]；Kao，Wu 和 Yang(2009)考察了中国证券监督委员会的监管规定对 IPO 公司盈余管理行为的影响，研究发现 IPO 公司的会计盈余越高，IPO 后的财务业绩水平越差，其股票回报率也更低[30]。公司管理当局在增发配股过程中应计项目盈余管理对企业未来的财务业绩也有着不良影响。由于应计利润具有回转特性，增发股票后的公司财务业绩则大幅下降(Chen 和 Yuan，2004；陈文斌和陈超，2007)[95，260]。实际活动盈余管理是公司管理当局通过构造经济业务交易事项或者调整业务交易的发生时间来实施的。表面上看，实际活动盈余管理与公司正常的生产经营决策很难区分。但是实际活动盈余管理行为是管理人员为了模糊或粉饰公司真实的业绩水平，使公司利益相关者相信公司达到了特定的经营目标；而正常的生产经营决策以公司健康快速发展为出发点，以公司利益相关者的利益最大化为目标，显然二者有本质上的差异。实际活动盈余管理行为背离了企业健康快速发展、保护企业利益相关者的宗旨，是公司管理当局的短期行为，不利于企业未来财务业绩的提升和改善。例如，Bens，Nagar 和 Wong(2002)研究发现，实施员工股票期权激励的企业为了避免每股收益的稀释，公司管理当局把企业的大量资金用于回购本公司股票，而不是投向企业正常的生产经营活动和投资活动中，造成企业随后几年的资产回报率大幅下降[261]；Gunny(2005)研究了实际活动盈余管理的经济后果，发现实际活动盈余管理对未来经营业绩有着显著的负面影响[68]。公司管理当局的实际活动盈余管理是以牺牲企业未来经济利益为代价的，这种治标不治本的操控方式所带来的当期盈余的增加和当期财务业绩的提升，往往不具有持久性，“昙花一现”后，将是公司效率的下降。基于上述分析提出如下假设：

H3：上市公司盈余管理与公司效率呈现负向关系。

H3.1 上市公司应计项目盈余管理与公司效率成负向关系。

H3.2 上市公司实际活动盈余管理与公司效率成负向关系。

3.5 本章小结

首先，本章详细梳理了相关的理论基础。其次，阐述了母子公司距离、盈余管理和公司效率的内涵和本质，其中母子公司距离包括母子公司地理空间距离和母子公司制度环境距离，盈余管理包括应计项目盈余管理和实际活动盈余管理。根据契约理论分析了盈余信息的重要性，依据委托代理理论和信息不对称理论阐述了上市公司盈余管理的产生和动机，从识解水平理论、知识管理理论和信息不对称理论分析了母子公司距离对盈余管理的影响，从交易成本理论、内部控制理论和梯度转移理论论述了母子公司距离对公司效率的作用机理，基于信息不对称、逆向选择和代理冲突阐明了盈余管理对公司效率的影响。最后，在上述分析的基础上，构建了反映变量之间内在逻辑关系的概念模型，并提出了研究假设。本书所提出的假设是由 3 个主假设和 6 个子假设构成的，具体如表 3-1 所示。

表 3-1 假设归纳表

编号	假设内容
H1	母子公司距离越大，上市公司盈余管理程度越高
H1.1	母子公司距离越大，上市公司应计项目盈余管理程度越高
H1.2	母子公司距离越大，上市公司实际活动盈余管理程度越高
H2	母子公司距离越大，上市公司的公司效率越低
H2.1	母子公司地理空间距离与公司效率成负向关系
H2.2	母子公司制度环境距离与公司效率成负向关系
H3	上市公司盈余管理与公司效率呈现负向关系
H3.1	上市公司应计项目盈余管理与公司效率成负向关系
H3.2	上市公司实际活动盈余管理与公司效率成负向关系

第4章

研究方法

在上一章中，构建了概念模型，在详细讨论和分析变量之间逻辑关系的基础上，提出了模型所涉及的具体假设。本章利用中国证券市场的数据，实证检验本书所提出的各项假设。首先，对研究对象的样本选取和数据收集作出详细说明；其次，借鉴和参考以往学者的最新研究成果和经验基础，介绍研究变量的选取和测度方法；最后，简要介绍实证研究的方法和模型。

4.1 数据收集

4.1.1 样本选取

由于我国财政部在1998年开始要求企业编制现金流量表，因此样本选取的起始年度为1998年。通常而言，上市公司年度财务报告的披露时间往往延迟至次年的四月份，所以本书样本选取的终止年度为2014年。鉴于此，本书以1998—2014年作为选样区间，以中国上市公司作为初选样本。由于在计算盈余管理时，需要计算变化值，因此1998年度的样本将被损失，实际采用的样本区间为1999—2014年。

在界定选样区间和初选样本的基础上，为了实证检验各项假设，需要执行下列样本筛选程序：

(1)剔除同时发行B股或H股的公司样本。由于同时发行B股或H股的上市公司处于境内外双重监管的环境下，与国内A股上市公司的监管环境有着一定的差异。为了保证样本选取的一致性，将上述样本剔除。

(2)剔除在中小企业板和创业板上市的公司样本。由于中小企业板和创业板上市条件不同于A股主板的上市条件，因此中小企业板和创业板上市公司面临着监管环境与A股主板上市公司环境差异较大，因此将中小企业板和创业板公司样本剔除。

(3)剔除金融保险类公司样本。由于金融保险行业面临的监管环境和行业性质较为特殊，因此将其剔除。

(4)剔除会计信息极端情况或缺失的公司样本。有些上市公司样本的所有者权益为负，出现了资不抵债的情况；有些上市公司样本营业收入缺失；有些上市公司年度会计信息由于缺失而造成的不连续等，这些情况将影响实证检验结果的可靠性，因此将其剔除。

(5)剔除上市年度小于6年的公司样本。由于本书在度量实际活动盈余管理时，至少需要连续3年的财务数据，而且在考察盈余管理方式对企业财务业绩的影响时，需要考察未来3年的财务业绩，因此研究样本至少是6年连续的样本。

(6)剔除样本数小于10个的行业年度。由于在度量应计项目盈余管理和实际活动盈余管理时是分行业分年度进行的，为了保持准确性，每个行业年度所包含的样本数不小于10个(Kothari，Leone和Wasley，2005；Jones，Krishnan和Melendrez，2008)[77，154]。经过上述筛选程序，最终获得了1999—2014年16218个公司样本。

4.1.2 数据来源

本研究所使用的财务数据来源于2015CSMAR研究数据库和2015RESSET研究数据库。按照2012年中国证监会颁布和实施的《上市公司行业分类指引》对上市公司样本进行了行业划分。由于在上文的样本选取过程中，已经剔除了金融保险行业的上市公司样本，因此最终得到了农林牧渔、采掘、制造、电煤水、建筑、交通运输仓储、信息技术、批发零售、社会服务、房地产、传播与文化、综合类等，考虑到制造业样本数量较多，对其细分为4个行业，经过上述程序，共计21个行业的公司样本。

在统计分析过程中，本研究采用的是STATA软件(版本为12.0)和SAS软件(版本为9.2)。

4.2 变量测度

4.2.1 母子公司距离的度量

母子公司距离通过母子公司地理空间距离(*GSD*)和母子公司制度环境距离

(IED)来反映，具体计算过程如下：

1. 母子公司地理空间距离(GSD)

(1)母公司与每一个子公司之间的地理距离。

根据地球上任意两点的经纬度，针对每家上市公司，采用模型(4-1)计算母公司与每一个子公司的地理距离。

$$D_{psj} = \frac{\pi R}{180} \times \arccos(\Delta_{psj}) \tag{4-1}$$

式中：$\Delta_{psj} = \cos(lat_p) \times \sin(lon_p) \times \cos(lat_{sj}) \times \sin(lon_{sj}) + \cos(lat_p) \times \cos(lon_p) \times \cos(lat_{sj}) \times \cos(lon_{sj}) + \sin(lat_p) \times \sin(lat_{sj})$，$R$ 表示赤道半径(取值为 6378 千米)；π 表示圆周率；lon 和 lat 分别表示公司所处的经度和维度；下标 p 表示母公司，下标 sj 表示母公司 p 所属的第 j 个子公司；D_{psj} 表示母公司 p 与其所属的第 j 个子公司的地理距离。

(2)母子公司地理空间距离。

基于模型(4-1)所计算的母公司与每一个子公司的地理距离(D_{psj})，计算上市公司 i 在 t 年度的母子公司地理距离标准差，鉴于标准差数值较大，取其千分之一表示母子公司地理空间距离(GSD_{it})，具体如模型(4-2)所示。GSD_{it} 越大，则说明上市公司 i 在 t 年度中母子公司在地理空间上越分散，母子公司地理空间距离越大。

$$GSD_{it} = 0.001 \times \sqrt{\frac{\sum_{j=1}^{n}(D_{psj} - \overline{D})^2}{n}} \tag{4-2}$$

2. 母子公司制度环境距离(IED)

(1)母公司与每一个子公司之间的制度环境差异。

针对每家上市公司，计算母公司所在省市的市场化指数与每一个子公司所在省市的市场化指数的差值(M_{psj})。M_{psj} 表示母公司 p 与其所属的第 j 个子公司的制度环境差异。

(2)母子公司制度环境距离。

根据母公司与每一个子公司的制度环境差异(M_{psj})，计算上市公司 i 在 t 年度的母子公司环境差异标准差，表示母子公司制度环境距离(IED_{it})，具体如模型(4-3)所示。IED_{it} 越大，则说明上市公司 i 在 t 年度中母子公司在制度环境上差异越大，母子公司制度环境距离越大。

$$IED_{it} = \sqrt{\frac{\sum_{j=1}^{n}(M_{psj} - \overline{M})^2}{n}} \tag{4-3}$$

4.2.2 盈余管理方式的度量

1. 实际活动盈余管理的度量

实际活动盈余管理主要是通过销售操控、费用操控和生产操控来考察的(Roychowdhury,2006)[63],因此本书也借鉴这种方式。销售操控、费用操控和生产操控的度量分别通过销售操控估计模型、费用操控估计模型和生产操控估计模型来估测。

(1)销售操控估计模型。

在测度销售操控程度时,Roychowdhury(2006)[63]借鉴了 Dechow,Kothari 和 Watts(1998)[262]关于会计盈余与现金流量关系的研究,认为正常的经营活动现金流量是当期销售收入和当期销售收入变化额的线性函数,并通过计算回归系数,估计出异常现金流量。具体模型如下:

$$CFO_{it}/A_{it-1}=\beta_0/A_{it-1}+\beta_1(S_{it}/A_{it-1})+\beta_2(\Delta S_{it}/A_{it-1})+\varepsilon_{it} \quad (4-4)$$

但是 Dechow,Kothari 和 Watts(1998)[262]的研究是以销售流程为基础的,模型中没有考虑固定成本对经营活动现金流量估算结果的影响。为克服上述缺陷,笔者根据现金流量表结构,以经营活动现金流量产生流程为基础,推导出经营活动现金流量估计模型,推导过程如下:

经营活动现金流量净额(CFO_{it})=销售商品提供劳务收到的现金(SC_{it})-购买商品、接受劳务支付的现金(PC_{it})+各项税费净额(TC_{it})-支付给职工以及为职工支付的现金(EC_{it})+其他与经营活动有关的现金净额(OC_{it})①

①销售商品提供劳务收到的现金(SC_{it})。

本期销售商品提供劳务收到的现金(SC_{it})=本期的销售收入(S_{it})-本期产生的应收账款(AR_{it})+上期产生的应收账款(AR_{it-1})-坏账损失(LD_{it})②

本期产生的应收账款(AR_{it})=赊销率(α_1)×本期的销售收入(S_{it})

坏账损失(LD_{it})=坏账率(α_2)×上期产生的应收账款(AR_{it-1})

$$\text{本期销售商品提供劳务收到的现金}(SC_{it})=S_{it}-AR_{it}+AR_{it-1}-LD_{it}$$
$$=S_{it}-\alpha_1S_{it}+\alpha_1S_{it-1}-\alpha_1\alpha_2S_{it-1}$$

②购买商品、接受劳务支付的现金(PC_{it})。

根据 Bernard 和 Stober(1989)[263]以及 Dechow,Kothari 和 Watts(1998)[262]的研究,假定期末实际存货由目标存货和差异值组成。目标存货是下期预计销售

① “各项税费净额”=收到的税费返还-支付的各项税费;“其他与经营活动有关的现金净额”=收到其他与经营活动有关的现金-支付其他与经营活动有关的现金。

② 假设应收账款的回收期为一年,即上期产生的应收账款在本期收回。

成本与系数 ψ_1 的乘积，ψ_1 表示目标存货与销售成本比率关系的系数。由于销售收入是随机游走变量，π 是边际收益率，则目标存货是 $\psi_1(1-\pi)S_{it}$。假定公司因销售变化而调整存货的速度为 ψ_2，如果销售变化量为 ΔS_{it}（其中 $\Delta S_{it}=S_{it}-S_{it-1}$），那么存货的差异值为 $\psi_1(1-\psi_2)(1-\pi)\Delta S_{it}$，当 $\psi_2=0$ 时，表示公司没有调整存货；当 $\psi_2=1$ 时，存货差异值为0，表示公司的实际存货与目标存货一致。结合目标存货和差异值的表述，则本期期末实际存货为 $\psi_1(1-\pi)S_{it}+\psi_1(1-\psi_2)(1-\pi)\Delta S_{it}$；同理，上期期末实际存货为 $\psi_1(1-\pi)S_{it-1}+\psi_1(1-\psi_2)(1-\pi)\Delta S_{it-1}$，其中 $\Delta S_{it-1}=S_{it-1}-S_{it-2}$。

本期存货购买量＝本期销售成本[①]＋本期期末存货－本期期初存货＝本期销售成本＋本期期末存货－上期期末存货＝$(1-\pi)S_{it}+\psi_1(1-\pi)\Delta S_{it}+\psi_1(1-\psi_2)(1-\pi)(\Delta S_{it}-\Delta S_{it-1})$

假设 ψ_3 表示购买存货时的现金支付率，则：

本期购买商品、接受劳务本期支付的现金＝ψ_3×本期存货购买量＝$\psi_3[(1-\pi)S_{it}+\psi_1(1-\pi)\Delta S_{it}+\psi_1(1-\psi_2)(1-\pi)(\Delta S_{it}-\Delta S_{it-1})]$

上期购买商品、接受劳务本期支付的现金＝$(1-\psi_3)$×上期存货购买量＝$(1-\psi_3)[(1-\pi)S_{it-1}+\psi_1(1-\pi)\Delta S_{it-1}+\psi_1(1-\psi_2)(1-\pi)(\Delta S_{it-1}-\Delta S_{it-2})]$

购买商品、接受劳务本期支付的现金（PC_{it}）＝本期购买商品、接受劳务本期支付的现金＋上期购买商品、接受劳务本期支付的现金＝$\psi_3[(1-\pi)S_{it}+\psi_1(1-\pi)\Delta S_{it}+\psi_1(1-\psi_2)(1-\pi)(\Delta S_{it}-\Delta S_{it-1})]+(1-\psi_3)[(1-\pi)S_{it-1}+\psi_1(1-\pi)\Delta S_{it-1}+\psi_1(1-\psi_2)(1-\pi)(\Delta S_{it-1}-\Delta S_{it-2})]$

③经营活动现金流量净额（CFO_{it}）。

结合本期销售商品提供劳务收到的现金（SC_{it}）和购买商品、接受劳务本期支付的现金（PC_{it}）推导结果，经营活动现金流量净额（CFO_{it}）表示如下：

$CFO_{it}=S_{it}-\alpha_1 S_{it}+\alpha_1 S_{it-1}-\alpha_1\alpha_2 S_{it-1}-\psi_3[(1-\pi)S_{it}+\psi_1(1-\pi)\Delta S_{it}+\psi_1(1-\psi_2)(1-\pi)(\Delta S_{it}-\Delta S_{it-1})]-(1-\psi_3)[(1-\pi)S_{it-1}+\psi_1(1-\pi)\Delta S_{it-1}+\psi_1(1-\psi_2)(1-\pi)(\Delta S_{it-1}-\Delta S_{it-2})]+TC_{it}-EC_{it}+OC_{it}=[1-\alpha_1\alpha_2-(1-\pi)]S_{it}+[\alpha_1\alpha_2+1-\pi-\psi_1\psi_3(1-\pi)(2-\psi_2)]\Delta S_{it}+[\psi_1\psi_3(1-\psi_2)(1-\pi)-\psi_1(1-\psi_3)(1-\pi)-\psi_1(1-\psi_2)(1-\psi_3)(1-\pi)]\Delta S_{it-1}+\psi_1(1-\psi_2)(1-\psi_3)(1-\pi)\Delta S_{it-2}+TC_{it}-EC_{it}+OC_{it}$

由于 ΔS_{it-2} 是 S_{it-2} 与 S_{it-3} 的差，对 CFO_{it} 的影响较小，在等式中不考虑 ΔS_{it-2}，令 $[1-\alpha_1\alpha_2-(1-\pi)]$ 为 η_1，$[\alpha_1\alpha_2+1-\pi-\psi_1\psi_3(1-\pi)(2-\psi_2)]$ 为 η_2，$[\psi_1\psi_3(1-\psi_2)(1-\pi)-\psi_1(1-\psi_3)(1-\pi)-\psi_1(1-\psi_2)(1-\psi_3)(1-\pi)]$ 为 η_3，则等式可简化为：

经营活动现金流量净额（CFO_{it}）＝$\eta_1 S_{it}+\eta_2\Delta S_{it}+\eta_3\Delta S_{it-1}+TC_{it}-EC_{it}+OC_{it}$

---

① 由于固定销售成本难以量化，本期销售成本是以边际成本率 $(1-\pi)$ 与销售收入 (S_t) 的乘积来估算的。

值得说明的是，Dechow，Kothari 和 Watts（1998）[262] 和 Roychowdhury（2006）[63] 为简化等式而剔除了 ΔS_{it-1}，本书为提高精度仍保留 ΔS_{it-1}。

④经营活动现金流量（CFO_{it}）估计模型。

为了减少回归分析时异方差的影响，笔者参照 Dechow，Kothari 和 Watts（1998）[262] 运用滞后期资产（A_{it-1}）标准化等式的方法，结合上述等式构造 CFO 估计模型：

$$CFO_{it}/A_{it-1}=\beta_0/A_{it-1}+\beta_1(S_{it}/A_{it-1})+\beta_2(\Delta S_{it}/A_{it-1})+\beta_3(\Delta S_{it-1}/A_{it-1})+\beta_4(TC_{it}/A_{it-1})+\beta_5(EC_{it}/A_{it-1})+\beta_6(OC_{it}/A_{it-1})+\varepsilon_{it} \quad (4-5)$$

分行业分年度运用 OLS 法分别估计出模型（4－4）和模型（4－5）中各变量的回归系数 β，将回归系数 β 分别回代到模型（4－4）和模型（4－5）中，计算出各年度公司样本的经营活动现金流量（CFO）预期值，并以其各年度对应的实际值减去预期值，如模型（4－6）和模型（4－7）所示，得出异常经营活动现金流量（$ACFOR$ 和 $ACFO$），来衡量销售操控程度。为了区分的方便，$ACFOR$ 和 $ACFO$ 分别是基于 Roychowdhury（2006）模型和本书的模型来计算异常经营活动现金流量的。其中，模型（4－6）是 Roychowdhury（2006）[63] 构建的销售操控估计模型，模型（4－7）是本书构建的销售操控估计模型。

$$ACFOR_{it}=CFO_{it}/A_{it-1}-[\beta_0/A_{it-1}+\beta_1(S_{it}/A_{it-1})+\beta_2(\Delta S_{it}/A_{it-1})] \quad (4-6)$$

$$ACFO_{it}=CFO_{it}/A_{it-1}-[\beta_0/A_{it-1}+\beta_1(S_{it}/A_{it-1})+\beta_2(\Delta S_{it}/A_{it-1})+\beta_3(\Delta S_{it-1}/A_{t-1})+\beta_4(EC_{it}/A_{it-1})+\beta_5(TC_{it}/A_{it-1})+\beta_6(OC_{it}/A_{it-1})] \quad (4-7)$$

笔者对（4－6）与模型（4－7）进行了比较。由于模型（4－6）与模型（4－7）是嵌套关系，嵌套模型的比较方法可以参照 Pindyck（1998）[264] 和钱小军（1999）[265] 的极大似然估计法来进行。经过测算，模型（4－7）的似然函数极大值 $L(\beta_{模型4\text{-}4})=6803.097$，模型（4－6）似然函数极大值 $L(\beta_{模型4\text{-}3})=5501.581$；则 $-2[L(\beta_{模型4\text{-}3})-L(\beta_{模型4\text{-}4})]=2603.032\sim\chi^2_4$，远大于 1% 水平下的临界值（13.280），说明模型（4－7）优于模型（4－6）。比较结果表明模型（4－7）的解释能力优于模型（4－6），所以在本研究中采用模型（4－7）来估算异常经营活动现金流量（$ACFO$），度量销售操控的程度（张俊瑞、李彬和刘东霖，2008；李彬、张俊瑞和郭慧婷，2009）[174，249]。根据第 3 章的分析，如果公司管理当局从事了销售操控行为，其经营活动现金流量水平将低于预期状态的水平，则 $ACFO$ 值越低。

（2）费用操控估计模型和生产操控估计模型。

笔者直接引用 Roychowdhury（2006）[63] 设计的费用操控估计模型（模型 4－8）和生产操控估计模型（模型 4－9），具体如下：

$$DISEXP_{it}/A_{it-1}=\beta_0/A_{it-1}+\beta_1(S_{it-1}/A_{it-1})+\varepsilon_{it} \quad (4-8)$$

$$PROD_{it}/A_{it-1}=\beta_0/A_{it-1}+\beta_1(S_{it}/A_{it-1})+\beta_2(\Delta S_{it}/A_{it-1})+\beta_3(\Delta S_{it-1}/A_{it-1})+\varepsilon_{it} \quad (4-9)$$

分行业分年度运用 OLS 法分别估计出模型(4－8)和模型(4－9)中各变量的回归系数 β，将回归系数 β 回代到模型(4－8)和模型(4－9)中，计算出各年度公司样本的可操控费用(*DISEXP*)预期值和生产成本(*PROD*)预期值，并以其各年度对应的实际值减去预期值，如模型(4－10)和模型(4－11)所示，得出异常可操控费用(*AEXP*)和异常生产成本(*APROD*)，来衡量费用操控程度和生产操控程度。根据第 3 章的分析，如果公司管理当局从事了费用操控行为，其可操控费用水平(*DISEXP*)将低于预期状态的水平，则 *AEXP* 越低；如果公司管理当局从事了生产操控行为，其生产成本水平(*PROD*)将高于预期状态的水平，则 *APROD* 越高。

$$AEXP_{it}=DISEXP_{it}/A_{it-1}-[\beta_0/A_{it-1}+\beta_1(S_{it-1}/A_{it-1})] \quad (4-10)$$

$$APROD_{it}=PROD_{it}/A_{it-1}-[\beta_0/A_{it-1}+\beta_1(S_{it}/A_{it-1})+\beta_2(\Delta S_{it}/A_{it-1})+\beta_3(\Delta S_{it-1}/A_{it-1})] \quad (4-11)$$

考虑到公司管理当局可能存在混合使用销售操控、费用操控和生产操控的实际活动盈余管理行为，笔者借鉴 Cohen(2007)[266] 的处理方法，同时为了保持销售操控、费用操控和生产操控方向的一致性，用“－1”分别乘以 *ACFO* 和 *AEXP*，汇总度量实际活动盈余管理的程度(*TR*)，*TR* 值越大，表明总实际活动盈余管理的程度越高，其模型如下：

$$TR_{it}=(-1)\times ACFO_{it}+(-1)\times AEXP_{it}+APROD_{it} \quad (4-12)$$

上述式中：*CFO* 表示经营活动现金净流量；*A* 表示总资产；*S* 表示销售额；ΔS 表示销售变动额；*EC* 表示支付给职工以及为职工支付的现金；*TC* 表示各项税费开支；*OC* 表示其他与经营活动有关的现金；*DISEXP* 表示可操控费用，是营业费用与管理费用之和①；*PROD* 表示生产成本，是销售成本与存货变化之和②；*ACFO* 表示异常经营活动现金净流量，衡量销售操控程度；*AEXP* 表示异常可操控费用，衡量费用操控程度；*APROD* 表示异常生产成本，衡量生产操控程度；*TR* 表示销售操控程度、费用操控程度和生产操控程度的汇总，衡量总实际活动盈余管理的程度；ε 表示误差项；β 表示回归系数；下标 i 表示公司，t 表示年份。

2. 应计项目盈余管理的度量

自从 Jones(1991)[75] 从应计利润分离法的角度构建了应计项目盈余管理估算模型后，很多应计项目盈余管理的研究都是在此基础上展开的。但是已有应计项

① 在我国除了利息等费用计入财务费用外，其他费用一般计入管理费用和营业费用(例如研发项目成功前的研发费用、广告费用等)，鉴于上述考虑，本书以营业费用与管理费用之和衡量可操控费用。

② 以销售成本与存货变化之和来计量生产成本，可以平衡不同的存货计价方法对生产成本的影响，而且可以避免因采用会计操控推迟确认存货损失而对生产操控计量的影响。

目盈余管理的研究是基于经营活动现金流量(CFO)很难被操纵的前提下进行的，在计算总应计(TA)时通常假定经营活动现金流量(CFO)没有被公司管理当局操纵(DeAngelo,1986)[267]。显然企业也存在实际活动盈余管理行为，它改变了企业的经营活动现金流量，因此来自财务报告的经营活动现金流量可能是操控后的数值。所以，笔者认为很有必要考虑上述因素，用经营活动现金流量的预期值来计算总应计(TA)更为精确。

本书借鉴陆建桥(1999)[45]、刘星，陈丽蓉和刘斌(2006)[268]使用的扩展琼斯模型度量应计项目盈余管理的程度，其模型如下：

$$TA_{it}/A_{it-1}=\alpha_0(1/A_{it-1})+\alpha_1[(\Delta REV_{it}-\Delta REC_{it})/A_{it-1}]+\alpha_2(FA_{it}/A_{it-1})+\alpha_3(IA_{it}/A_{it-1})+\varepsilon_{it} \tag{4-13}$$

$$NDA_{it}/A_{it-1}=\alpha_0(1/A_{it-1})+\alpha_1[(\Delta REV_{it}-\Delta REC_{it})/A_{it-1}]+\alpha_2(FA_{it}/A_{it-1})+\alpha_3(IA_{it}/A_{it-1}) \tag{4-14}$$

$$DA_{it}=TA_{it}/A_{it-1}-NDA_{it}/A_{it-1} \tag{4-15}$$

分行业分年度运用模型(4 - 13)，估计出回归系数 α，将系数 α 代入模型(4 - 14)，计算每个样本公司各年度的不可操控性应计(NDA_{it}/A_{it-1})，运用模型(4 - 15)来计算应计项目盈余管理的程度。

上述式中：TA 表示总应计数，等于净利润与经营活动现金净流量预期值的差额，经营活动现金净流量预期值来源于经营活动现金流量估计模型；A 表示总资产额；ΔREV 表示主营业务收入变动额；ΔREC 表示应收账款变动额；FA 表示固定资产原值；IA 表示无形资产和其他长期资产总额；ε 表示误差项；NDA 表示不可操控性应计利润；DA 表示应计项目盈余管理的程度；下标 i 表示样本公司，下标 t 表示年份。

4.2.3 公司效率的度量

由于数据包络分析法(data envelopment analysis,DEA)可以实现多个投入和多个产出的分析，因此该种方法被广泛使用在上市公司投入产出效率的估测上。借鉴已有研究，本书采用数据包络分析法测度投入产出效率，反映上市公司的公司效率。在计算过程中，选择产出导向的规模收益可变模型 BCC - DEA 模型。其中，投入指标包括：①主营业务成本与主营业务税金及附加之和；②营业费用、管理费用和财务费用之和；③总资产。产出指标包括利润总额和主营业务收入。

4.2.4 控制变量的选取和度量

在研究母子公司距离对盈余管理的影响及其对公司效率的影响时，需要对其他因素的影响进行控制。控制变量的选取主要依据文献综述中所描述的可能影响因素。在研究中引入以下控制变量：

(1)成长状况。McNichols(2000)[269]、张俊瑞和李彬(2009)[270]的研究都认为企业所处的成长状况对公司管理当局的盈余管理行为具有一定的影响。本书以总资产增长率(*GRO*)来度量成长状况。

(2)盈利能力。Dechow(1995,1996)[76,271]和 Kasznik(1999)[272]认为公司管理当局的盈余管理程度同公司的盈利水平正相关。本书以权益回报率(*ROE*)来衡量盈利水平。

(3)偿债能力。一般而言,公司管理当局基于债务契约调整盈余,降低债务契约的违约机率,降低筹资成本(Watts 和 Zimmerman,1986)[38]。企业偿债能力的强弱决定着盈余管理程度的高低。本书以资产负债率(*DTA*)衡量偿债能力(Glaum,Lichtblau 和 Lindemann,2004)[273]。

(4)营运能力。当企业资产营运能力下降、经营不佳时,为了避免债务违约和规避来源于资本市场的负面影响等,公司管理当局则有动机从事盈余管理行为(Burgstahler 和 Eames,2003)[158]。本书以总资产周转率(*TAR*)度量企业营运能力。

(5)公司规模。这是研究盈余管理的常用控制变量(Roychowdhury,2006;陆正飞和魏涛,2006;Becker,DeFond 和 James,1998)[63,96,274],本书使用总资产对数(ln*A*)表示公司规模。

(6)审计意见类型。Chen,Chen 和 Su(2001)[275]以及李维安、王新汉和王威(2004)[276]研究表明外部审计人员出具的非标准审计意见与公司管理当局的盈余管理行为存在一定的关系。本书使用 *AO* 表示审计意见类型,当审计意见为标准无保留意见时,*AO* 取值为 1,否则 *AO* 取值为 0。

(7)会计师事务所规模。通常而言,会计师事务所的规模越大,审计人员的独立性和胜任能力越强,审计质量越高(刘星、陈丽蓉和刘斌,2006;Heninger,2001)[268,277]。本书使用 *BIG* 表示事务所规模,当事务所是国际五大会计师事务所时(2002 年以后为四大会计师事务所),*BIG* 取值为 1,否则为 0。

(8)股权集中度。当股权过于集中,企业处于大股东控制的可能性越高,企业经营管理和财务信息的透明度相对较低,信息不对称的情况更为普遍,更容易滋生公司管理当局的盈余管理行为(毛洪涛和吴将君,2007)[278]。本书以前五大股东持股比例的平方和(*PSHF*)来度量股权集中度(王亮飞和潘宁,2006)[279]。

(9)年度。由于样本区间为 1999—2014 年,共计 16 个年度。为了控制年度对研究变量的影响,同时避免虚拟变量的设置陷入完全共线性(Wooldridge,2003)[280],本书设置 15 个虚拟变量,用符号 *Year* 来表示年度虚拟变量。

(10)行业。为了控制行业对研究变量的影响,本书对 21 个行业设置了 20 个虚拟变量(Wooldridge,2003)[280],用符号 *Indu* 来表示行业虚拟变量。

4.3 假设检验方法和检验模型

4.3.1 假设检验方法

1. 多元线性回归分析

根据本研究所讨论的问题性质和相关研究假设所包含的因素特征,本书需要检验研究变量之间的关系是否与前文所提的研究假设相一致。在实际问题中,影响研究变量的因素往往有多个,因此仅仅考虑研究变量是不充分的,需要对其他影响因素加以控制,才能获得比较满意的结果(郭志刚,2004)[281]。所以本书主要采用多元线性回归分析方法来验证研究假设是否成立。

2. 多重共线性检验

在多元线性回归分析时,本研究需要检验变量之间是否存在严重的多重共线性。多重共线性是指在一些自变量之间存在高度相关,也就是说这些自变量之间存在着近似线性关系,造成回归系数不稳定、结果难以解释,导致回归模型估计失真或准确性较低。因此在多元线性回归分析时,需要对回归模型中的变量共线性问题进行检验(Wooldridge,2003)[280]。

3. 相关性分析

任何事物的变化都与其他事物之间存在着一定的联系和相互作用。衡量事物之间或变量之间线性相关程度的高低的过程就是相关分析的过程。由于本研究的主要目的就是揭示母子公司距离对盈余管理的影响及其对公司效率的影响,因此为了能够更加准确地描述研究变量之间的线性相关程度,很有必要通过相关性分析来计算变量的相关系数(薛薇,2004)[282]。在一定程度上,相关性分析可以和多元线性回归分析互为印证,增强研究结论的可靠性。

4.3.2 假设检验模型

在测度母子公司距离、盈余管理、公司效率和控制变量的基础上,本研究借鉴已有学者的研究(Roychowdhury,2006;Cohen,Dey 和 Lys,2008;李彬、张俊瑞和郭慧婷,2009)[63,189,249],构建多元线性回归模型,采用多元线性回归分析方法,检验相关假设是否成立。

1. 母子公司距离和盈余管理关系的验证

(1)在检验母子公司距离与应计项目盈余管理程度的关系时(假设 1.1),本研究采用模型(4-16)和模型(4-17)来完成。

模型(4-16)用来检验母子公司地理空间距离与应计项目盈余管理的关系。

$$DA_{it} = \gamma_0 + \gamma_1 GSD_{it} + \gamma_2 GRO_{it} + \gamma_3 ROE_{it} + \gamma_4 DTA_{it} + \gamma_5 TAR_{it} + \gamma_6 \ln A_{it} + \gamma_7 AO_{it} + \gamma_8 BIG_{it} + \gamma_9 PSHF_{it} + \sum_{\zeta=10}^{26} \gamma_\zeta Year + \sum_{\zeta=27}^{48} \gamma_\zeta Indu + \varepsilon_{it} \quad (4-16)$$

模型(4-17)用来检验母子公司制度环境距离与应计项目盈余管理的关系。

$$DA_{it} = \gamma_0 + \gamma_1 IED_{it} + \gamma_2 GRO_{it} + \gamma_3 ROE_{it} + \gamma_4 DTA_{it} + \gamma_5 TAR_{it} + \gamma_6 \ln A_{it} + \gamma_7 AO_{it} + \gamma_8 BIG_{it} + \gamma_9 PSHF_{it} + \sum_{\zeta=10}^{26} \gamma_\zeta Year + \sum_{\zeta=27}^{48} \gamma_\zeta Indu + \varepsilon_{it} \quad (4-17)$$

(2)在检验母子公司距离与实际活动盈余管理程度的关系时(假设 1.2),本研究采用模型(4-18)和模型(4-19)来完成。值得说明的是,在 4.2 节中实际活动盈余管理是由销售操控程度($ACFO$)、费用操控程度($AEXP$)、生产操控程度($APROD$)和上述三种操控程度的汇总度量(TR)来实现的,因此在模型(4-18)和模型(4-19)中变量 RM 依次包括四个方面:总实际活动盈余管理程度(TR)、销售操控程度($ACFO$)、费用操控程度($AEXP$)和生产操控程度($APROD$)。在回归分析时,需要对上述四个方面依次进行回归。

模型(4-18)用来检验母子公司地理空间距离与实际活动盈余管理的关系。

$$RM_{it} = \gamma_0 + \gamma_1 GSD_{it} + \gamma_2 GRO_{it} + \gamma_3 ROE_{it} + \gamma_4 DTA_{it} + \gamma_5 TAR_{it} + \gamma_6 \ln A_{it} + \gamma_7 AO_{it} + \gamma_8 BIG_{it} + \gamma_9 PSHF_{it} + \sum_{\zeta=10}^{26} \gamma_\zeta Year + \sum_{\zeta=27}^{48} \gamma_\zeta Indu + \varepsilon_{it} \quad (4-18)$$

模型(4-19)用来检验母子公司制度环境距离与实际活动盈余管理的关系。

$$RM_{it} = \gamma_0 + \gamma_1 IED_{it} + \gamma_2 GRO_{it} + \gamma_3 ROE_{it} + \gamma_4 DTA_{it} + \gamma_5 TAR_{it} + \gamma_6 \ln A_{it} + \gamma_7 AO_{it} + \gamma_8 BIG_{it} + \gamma_9 PSHF_{it} + \sum_{\zeta=10}^{26} \gamma_\zeta Year + \sum_{\zeta=27}^{48} \gamma_\zeta Indu + \varepsilon_{it} \quad (4-19)$$

2. 母子公司距离与公司效率关系的验证

在检验母子公司距离与公司效率关系时(假设 2),本研究采用模型(4-20)和模型(4-21)来完成。

模型(4-20)用来检验母子公司地理空间距离与公司效率的关系(假设 2.1)。

$$CE_{it} = \gamma_0 + \gamma_1 GSD_{it} + \gamma_2 GRO_{it} + \gamma_3 ROE_{it} + \gamma_4 DTA_{it} + \gamma_5 TAR_{it} + \gamma_6 \ln A_{it} + \gamma_7 AO_{it} + \gamma_8 BIG_{it} + \gamma_9 PSHF_{it} + \sum_{\zeta=10}^{26} \gamma_\zeta Year + \sum_{\zeta=27}^{48} \gamma_\zeta Indu + \varepsilon_{it} \quad (4-20)$$

模型(4-21))用来检验母子公司制度环境距离与公司效率的关系(假设 2.2)。

$$CE_{it} = \gamma_0 + \gamma_1 IED_{it} + \gamma_2 GRO_{it} + \gamma_3 ROE_{it} + \gamma_4 DTA_{it} + \gamma_5 TAR_{it} + \gamma_6 \ln A_{it} + \gamma_7 AO_{it} + \gamma_8 BIG_{it} + \gamma_9 PSHF_{it} + \sum_{\zeta=10}^{26} \gamma_\zeta Year + \sum_{\zeta=27}^{48} \gamma_\zeta Indu + \varepsilon_{it} \quad (4-21)$$

3. 盈余管理与公司效率关系的验证

在检验盈余管理与公司效率关系时(假设3),本研究采用模型(4-22)和模型(4-23)来完成。

模型(4-22)用来检验应计项目盈余管理与公司效率的关系(假设3.1)。

$$CE_{it} = \gamma_0 + \gamma_1 DA_{it} + \gamma_2 GRO_{it} + \gamma_3 ROE_{it} + \gamma_4 DTA_{it} + \gamma_5 TAR_{it} + \gamma_6 \ln A_{it} + \gamma_7 AO_{it} + \gamma_8 BIG_{it} + \gamma_9 PSHF_{it} + \sum_{\zeta=10}^{26} \gamma_\zeta Year + \sum_{\zeta=27}^{48} \gamma_\zeta Indu + \varepsilon_{it} \quad (4-22)$$

模型(4-23)用来检验实际活动盈余管理与公司效率的关系(假设3.2)。值得说明的是,在4.2节中实际活动盈余管理是由销售操控程度(*ACFO*)、费用操控程度(*AEXP*)、生产操控程度(*APROD*)和上述三种操控程度的汇总度量(*TR*)来实现的,因此在模型(4-23)中变量 *RM* 依次包括四个方面:总实际活动盈余管理程度(*TR*)、销售操控程度(*ACFO*)、费用操控程度(*AEXP*)和生产操控程度(*APROD*)。在回归分析时,需要对上述四个方面依次进行回归。

$$CE_{it} = \gamma_0 + \gamma_1 RM_{it} + \gamma_2 GRO_{it} + \gamma_3 ROE_{it} + \gamma_4 DTA_{it} + \gamma_5 TAR_{it} + \gamma_6 \ln A_{it} + \gamma_7 AO_{it} + \gamma_8 BIG_{it} + \gamma_9 PSHF_{it} + \sum_{\zeta=10}^{26} \gamma_\zeta Year + \sum_{\zeta=27}^{48} \gamma_\zeta Indu + \varepsilon_{it} \quad (4-23)$$

在模型(4-16)至模型(4-23)中,符号 γ 和 ε 分别表示回归系数和误差项;t 表示会计期间;i 表示公司样本;其他变量在4.2节中有详细说明,变量汇总如表4-1所示。

表4-1 变量说明表

变量名称	变量符号	经济含义	解释
母子公司地理空间距离	*GSD*	母子公司地理空间的差异性	母子公司地理距离的标准差/1000
母子公司制度环境距离	*IED*	母子公司制度环境的差异性	母子公司市场化程度的标准差
应计项目盈余管理	*DA*	操控性应计利润	应计项目盈余管理程度

续表 4－1

变量名称	变量符号	经济含义	解释
实际活动盈余管理(RM)	*ACFO*	异常经营活动现金净流量/期初资产	销售操控程度
	AEXP	异常可操控费用/期初资产	费用操控程度
	APROD	异常生产成本/期初资产	生产操控程度
	TR	－*ACFO*－*AEXP*＋*APROD*	总实际活动盈余管理程度
公司效率	*CE*	技术效率	投入产出水平
控制变量	*GRO*	总资产增长率	成长状况
	ROE	权益回报率	盈利能力
	DTA	资产负债率	偿债能力
	TAR	总资产周转率	营运能力
	ln*A*	总资产对数	企业规模
	AO	审计意见类型	标准无保留意见为 1，其他为 0
	BIG	会计师事务所规模	国际五大(四大)[①]会计师事务所为 1，其他为 0
	PSHF	前五大股东持股比例的平方和	股权集中度
	Year	年度虚拟变量	控制年度因素
	Indu	行业虚拟变量	控制行业因素

4.4 本章小结

为了检验本研究所提出的各项假设，本章首先对研究对象的样本选取、数据来源和收集进行了详细说明；其次，在借鉴和参考以往学者的研究成果和经验基础上，细致介绍了母子公司距离、盈余管理、公司效率和控制变量的选取和测度方法；最后，对相关假设的验证所运用的实证检验方法和假设检验模型进行了说明。

① 2002 年以前国际五大会计师事务所分别为安达信、德勤、普华永道、安永和毕马威；由于安达信涉及安然事件而倒闭，2002 年后则为国际四大会计师事务所。

第 5 章

实证检验结果

在上述理论分析和研究方法设计的基础上，本章运用 STATA 软件（版本为 12.0）和 SAS 软件（版本为 9.2），通过描述性统计分析、相关性分析和多元线性回归分析等统计分析方法，从母子公司距离与盈余管理的关系、母子公司距离与公司效率的关系、盈余管理与公司效率关系的角度对各项假设进行验证。

5.1　描述性统计

母子公司距离、盈余管理与公司效率关系的描述性统计结果如表 5-1 所示。母子公司地理空间距离（*GSD*）的均值和中值分别为 0.413 和 0.402，表明母子公司在地理空间上具有一定的分散性；母子公司制度环境距离（*IED*）的均值和中值分别为 1.004 和 1.011，表明母子公司在制度环境上具有一定的差异性；应计项目盈余管理（*DA*）的均值和中值分别为 0.003 和 0.004，表明上市公司中普遍存在着应计项目盈余管理行为；销售操控（*ACFO*）的均值和中值分别为 −0.002 和 −0.003，表明异常经营活动现金净流量小于零，在上市公司中普遍存在着销售操控行为；费用操控（*AEXP*）的均值和中值分别为 −0.003 和 −0.012，意味着异常可操控费用小于零，上市公司具有费用操控行为；生产操控（*APROD*）的均值和中值分别为 0.001 和 0.004，说明上市公司存在着生产操控行为；总实际活动盈余管理（*TR*）的均值和中值分别为 0.006 和 0.007，实际活动盈余管理整体程度都大于零，说明了上市公司实际活动盈余管理行为的存在性；公司效率（*CE*）的均值和中值分别为 0.972 和 0.978，表明上市公司的公司效率较高。

在控制变量中，成长状况（*GRO*）、盈利能力（*ROE*）、偿债能力（*DTA*）、营运能力（*TAR*）、企业规模（ln*A*）和股权集中度（*PSHF*）的均值（中值）依次为 0.131（0.082）、0.050（0.062）、0.510（0.512）、0.638（0.512）、21.619（21.515）和 0.181（0.144）；审计意见类型（*AO*）的均值和中值分别为 0.919 和 1，说明上市公司的审

计报告意见绝大多数是标准无保留意见；会计师事务所规模(*BIG*)的均值和中值分别为 0.041 和 0,说明聘请国际会计师事务所的上市公司数量较少。

表 5-1 描述性统计表

变量	样本量	均值	中值	最小值	最大值	标准差	方差
GSD	12254	0.413	0.402	0.000	1.234	0.320	0.103
IED	12254	1.004	1.011	0.000	2.851	0.821	0.675
DA	12254	0.003	0.004	−0.214	0.208	0.080	0.006
ACFO	12254	−0.002	−0.003	−0.242	0.223	0.087	0.008
AEXP	12254	−0.003	−0.012	−0.103	0.208	0.058	0.003
APROD	12254	0.001	0.004	−0.392	0.415	0.136	0.019
TR	12254	0.006	0.007	−0.488	0.567	0.189	0.036
CE	12254	0.972	0.978	0.893	1.000	0.024	0.001
GRO	12254	0.131	0.082	−0.472	1.338	0.309	0.096
ROE	12254	0.050	0.062	−0.627	0.358	0.151	0.023
DTA	12254	0.510	0.512	0.092	0.994	0.202	0.041
TAR	12254	0.638	0.512	0.007	2.294	0.505	0.255
ln*A*	12254	21.619	21.515	19.428	24.619	1.145	1.310
AO	12254	0.919	1.000	0.000	1.000	0.273	0.074
BIG	12254	0.041	0.000	0.000	1.000	0.199	0.040
PSHF	12254	0.181	0.144	0.020	0.533	0.129	0.017

5.2 相关性分析

变量之间的相关系数反映在表 5-2 中,表的左下部分反映了 Pearson 简单相关系数、右上部分反映了 Spearman 等级相关系数,二者是互为对照和映衬的关系,可以增强相关性检验的可靠性。

在 Pearson 相关性分析中,变量 *GSD* 与变量 *DA* 的相关系数为 0.031,在 1%的水平上显著；在 Spearman 相关性分析中,变量 *GSD* 与变量 *DA* 的相关系数为 0.036,在 1%的水平上显著；上述分析结果表明母子公司地理空间距离(*GSD*)与应计项目盈余管理程度(*DA*)成正向关系。在 Pearson 相关性分析中,变量 *IED* 与变量 *DA* 的相关系数为 0.027,在 1%的水平上显著；在 Spearman 相关性分析中,变量 *IED* 与变量 *DA* 的相关系数为 0.030,在 1%的水平上显著；上述分析结果表明母子公司制度环境距离(*IED*)与应计项目盈余管理程度(*DA*)成正向关系。

表 5-2 相关性检验表(样本量=12254)

变量	GSD	IED	DA	ACFO	AEXP	APROD	TR	CE	GRO	ROE	DTA	TAR	lnA	AO	BIG	PSHF
GSD	1	0.717***	0.036***	−0.036***	−0.034**	0.001**	0.016**	−0.047***	0.032***	0.014	0.003	−0.012	0.157***	0.029***	0.056***	−0.029***
IED	0.663***	1	0.030***	−0.041***	−0.024**	0.001*	0.019**	−0.045***	0.015	0.014	0.012	0.020	0.161***	0.032***	0.068***	−0.029***
DA	0.031***	0.027***	1	−0.310***	−0.052***	0.038***	0.187***	0.076***	0.222***	0.223***	−0.144***	−0.037***	0.066***	0.125***	0.018	0.071***
ACFO	−0.040***	−0.043***	−0.297***	1	0.073***	−0.343***	−0.718***	0.118***	0.032***	0.209***	−0.102***	0.047***	0.024***	0.083***	0.036***	0.036***
AEXP	−0.032**	−0.030**	−0.081***	0.089***	1	−0.397***	−0.300***	0.013*	0.092***	0.132***	−0.004	0.115***	−0.006	−0.020	0.026***	−0.005
APROD	0.002**	0.001**	0.061***	−0.340***	−0.377***	1	0.857***	−0.100***	0.077***	−0.273***	0.183***	−0.081***	0.053***	−0.056***	−0.034***	−0.011
TR	0.023**	0.022**	0.187***	−0.708***	−0.310***	0.886***	1	−0.125***	0.053***	−0.288***	0.181***	−0.083***	0.028***	−0.081***	−0.045***	−0.025***
CE	−0.045***	−0.036***	0.117***	0.102***	0.004**	−0.073***	−0.097***	1	0.146***	0.376***	−0.079***	0.425***	0.149***	0.190***	0.037***	0.072***
GRO	0.016*	0.008	0.211***	0.001	0.118***	0.175***	0.141***	0.134***	1	0.309***	0.059***	0.161***	0.248***	0.211***	0.021	0.096***
ROE	0.007	0.026***	0.289***	0.157***	0.051***	−0.164***	−0.192***	0.318***	0.223***	1	−0.033***	0.272***	0.196***	0.164***	0.069***	0.111***
DTA	−0.002	0.006	−0.153***	−0.104***	0.008	0.173***	0.173***	−0.092***	0.044***	−0.155***	1	0.095***	0.180***	−0.209***	−0.024***	−0.078***
TAR	−0.013	0.026***	−0.028***	0.026***	0.150***	−0.078***	−0.067***	0.430***	0.111***	0.197***	0.100***	1	0.077***	0.143***	0.013	0.096***
lnA	0.139***	0.152***	0.099***	0.022**	0.001	0.062***	0.036***	0.198***	0.222***	0.181***	0.148***	0.091***	1	0.222***	0.216***	0.207***
AO	0.023**	0.034***	0.157***	0.074***	−0.033***	−0.038***	−0.060***	0.246***	0.169***	0.259***	−0.255***	0.115***	0.222***	1	0.035***	0.090***
BIG	0.048***	0.063***	0.025***	0.035***	0.025***	−0.021**	−0.033***	0.036***	0.011	0.048***	−0.023***	0.008	0.276***	0.035***	1	0.140***
PSHF	−0.030***	−0.028***	0.071***	0.036***	−0.007	0.001	−0.015*	0.088***	0.093***	0.103***	−0.094***	0.067***	0.254***	0.088***	0.155***	1

注:左下部分是 Pearson 相关性分析结果,右上部分是 Spearman 相关性分析结果;*,**,*** 分别表示双尾检验在 10%、5%和 1%水平上显著。

综合上述分析,可以看出,母子公司距离越大,上市公司应计项目盈余管理程度越高,假设1.1得到初步验证。

在Pearson相关性分析中,变量*ACFO*、*AEXP*、*APROD*和*TR*与变量*GSD*的相关系数分别为−0.040、−0.032、0.002和0.023,对应的显著性水平依次为1%、5%、5%和5%;在Spearman相关性分析中,变量*ACFO*、*AEXP*、*APROD*和*TR*与变量*GSD*的相关系数分别为−0.036、−0.034、0.001和0.016,对应的显著性水平依次为1%、5%、10%和5%;上述分析结果表明销售操控程度(*ACFO*)与母子公司地理空间距离(*GSD*)成正向关系(因为*ACFO*值越高,销售操控程度越低),费用操控程度(*AEXP*)与母子公司地理空间距离(*GSD*)成正向关系(因为*AEXP*值越高,费用操控程度越低),生产操控程度(*APROD*)与母子公司地理空间距离(*GSD*)成正向关系,总实际活动盈余管理程度(*TR*)与母子公司地理空间距离(*GSD*)成正向关系。同时,在Pearson相关性分析中,变量*ACFO*、*AEXP*、*APROD*和*TR*与变量*IED*的相关系数分别为−0.043、−0.030、0.001和0.022,对应的显著性水平依次为1%、5%、5%和5%;在Spearman相关性分析中,变量*ACFO*、*AEXP*、*APROD*和*TR*与变量*IED*的相关系数分别为−0.041、−0.024、0.001和0.019,对应的显著性水平依次为1%、5%、10%和5%;上述分析结果表明销售操控程度(*ACFO*)与母子公司制度环境距离(*IED*)成正向关系(因为*ACFO*值越高,销售操控程度越低),费用操控程度(*AEXP*)与母子公司制度环境距离(*IED*)成正向关系(因为*AEXP*值越高,费用操控程度越低),生产操控程度(*APROD*)与母子公司制度环境距离(*IED*)成正向关系,总实际活动盈余管理程度(*TR*)与母子公司制度环境距离(*IED*)成正向关系。综合上述分析,可以看出,母子公司距离越大,上市公司实际活动盈余管理程度越高,假设1.2得到初步验证。

在Pearson相关性分析中,变量*GSD*与变量*CE*的相关系数为−0.045,在1%的水平上显著;在Spearman相关性分析中,变量*GSD*与变量*CE*的相关系数为−0.047,在1%的水平上显著;上述分析结果表明母子公司地理空间距离(*GSD*)与公司效率(*CE*)成反向关系,假设2.1得到初步验证。在Pearson相关性分析中,变量*IED*与变量*CE*的相关系数为−0.036,在1%的水平上显著;在Spearman相关性分析中,变量*IED*与变量*CE*的相关系数为−0.045,在1%的水平上显著;上述分析结果表明母子公司制度环境距离(*IED*)与公司效率(*CE*)成反向关系,假设2.2得到初步验证。

在Pearson相关性分析中,变量*DA*与变量*CE*的相关系数为0.117,在1%的水平上显著;在Spearman相关性分析中,变量*DA*与变量*CE*的相关系数为0.076,在1%的水平上显著;上述分析结果表明应计项目盈余管理程度(*DA*)与公司效率(*CE*)成正向关系,假设3.1没有得到验证。在Pearson相关性分析中,变

量 *ACFO*、*AEXP*、*APROD* 和 *TR* 与变量 *CE* 的相关系数分别为 0.102、0.004、－0.073和－0.097，对应的显著性水平依次为 1%、5%、1%和 1%；在 Spearman 相关性分析中，变量 *ACFO*、*AEXP*、*APROD* 和 *TR* 与变量 *CE* 的相关系数分别为 0.118、0.013、－0.100 和－0.125，对应的显著性水平依次为 1%、10%、1%和 1%；上述分析结果表明销售操控程度(*ACFO*)与公司效率(*CE*)成反向关系(因为 *ACFO* 值越高，销售操控程度越低)，费用操控程度(*AEXP*)与公司效率(*CE*)成反向关系(因为 *AEXP* 值越高，费用操控程度越低)，生产操控程度(*APROD*)与公司效率(*CE*)成反向关系，总实际活动盈余管理程度(*TR*)与公司效率(*CE*)成反向关系。综合上述分析，可以看出，上市公司实际活动盈余管理程度越高，公司效率(*CE*)越低，假设 3.2 得到初步验证。

值得说明的是，在 Pearson 相关性分析中，变量 *GSD* 与变量 *IED* 的相关系数为 0.663，上述变量都是度量母子公司距离的，不会同时出现在一个回归模型中，因此不存在多重共线性问题。变量 *ACFO* 与变量 *TR* 的相关系数为－0.708，变量 *TR* 与变量 *APROD* 的相关系数为 0.886，它们都是度量实际活动盈余管理的，上述变量不会同时出现在一个回归模型中，因此不存在多重共线性问题。而其他变量之间的相关系数的绝对值大多不超过 0.300，因此在回归分析中不必关注严重的多重共线性问题。为了防止在回归分析中存在多重共线性问题，本书增加了多重共线性分析，发现容忍度远大于 0、*VIF* 值远远小于 10，说明在回归分析中不存在严重的多重共线性问题。

5.3 多元线性回归分析

5.3.1 母子公司距离与盈余管理关系的验证

本部分将验证母子公司距离与盈余管理的关系，具体包括母子公司距离与应计项目盈余管理关系(假设 1.1)、母子公司距离与实际活动盈余管理关系(假设 1.2)。

1. 母子公司距离与应计项目盈余管理关系的检验(假设 1.1)

(1)母子公司地理空间距离与应计项目盈余管理关系的验证。表 5－3 反映的是母子公司地理空间距离与应计项目盈余管理关系的回归分析结果。本书运用普通最小二乘法得出模型(4－16)的回归系数。$Adj-R^2$ 和 *F* 值分别反映了回归方程的拟合优度和回归方程的显著性情况。可以看出，*F* 值为 56.558(在 1%的水平上显著)，说明回归方程的显著性水平较高。*GSD* 变量的回归系数为 0.006，并在 1%的水平上显著($t=2.752$)，说明在控制了其他因素的影响下，母子公司地理空间距离越大，上市公司应计项目盈余管理程度越高①。

表 5-3 母子公司地理空间距离与应计项目盈余管理关系的回归分析表

变量	回归系数	t 值	显著性水平	VIF 值	容忍度
GSD	0.006***	2.752	0.6%	1.781	0.561
GRO	0.039***	16.658	0.0%	1.382	0.723
ROE	0.129***	26.787	0.0%	1.295	0.772
DTA	−0.044***	−11.668	0.0%	1.248	0.801
TAR	−0.017***	−11.156	0.0%	1.225	0.816
lnA	0.006***	7.704	0.0%	1.208	0.828
AO	0.013***	4.693	0.0%	1.207	0.829
BIG	−0.004	−1.074	28.3%	1.113	0.898
PSHF	−0.002	−0.381	70.3%	1.056	0.947
常数项	−0.112***	−6.963	0.0%	—	—
Year			控制		
Indu			控制		
统计量	$Adj\text{-}R^2=0.146$ F 值=56.558*** 样本量=12254				

注：*，**，*** 分别表示双尾检验在 10%、5%和 1%水平上显著。

(2)母子公司制度环境距离与应计项目盈余管理关系的验证。表 5-4 反映的是母子公司制度环境距离与应计项目盈余管理关系的回归分析结果。本书运用普通最小二乘法得出模型(4-17)的回归系数。$Adj-R^2$ 和 F 值分别反映了回归方程的拟合优度和回归方程的显著性情况。可以看出，F 值为 56.171(在 1%的水平上显著)，说明回归方程的显著性水平较高。*IED* 变量的回归系数为 0.003，并在 1%的水平上显著($t=3.351$)，说明在控制了其他因素的影响下，母子公司制度环境距离越大，上市公司应计项目盈余管理程度越高。

---

① $Adj-R^2$ 和 F 值分别反映了回归方程的拟合优度和方程的显著性。F 值均在 1%的水平上显著，说明回归方程的显著性水平较高。值得说明的是回归方程的 $Adj-R^2$ 值较低，根据 Wooldridge(2003)在《Introductory Econometrics: A Modern Approach》的解释，在社会科学研究中，$Adj-R^2$ 值较低是较为常见的现象[254]。

表 5-4 母子公司制度环境距离与应计项目盈余管理关系的回归分析表

变量	回归系数	t 值	显著性水平	VIF 值	容忍度
IED	0.003***	3.351	0.1%	1.095	0.913
GRO	0.039***	16.668	0.0%	1.208	0.828
ROE	0.129***	26.741	0.0%	1.207	0.829
DTA	−0.044***	−11.692	0.0%	1.294	0.773
TAR	−0.017***	−11.244	0.0%	1.382	0.724
$\ln A$	0.006***	7.814	0.0%	1.766	0.566
AO	0.013***	4.718	0.0%	1.249	0.801
BIG	−0.004	−1.145	25.2%	1.114	0.897
$PSHF$	−0.002	−0.397	69.1%	1.223	0.818
常数项	−0.112***	−6.953	0.0%	—	—
$Year$			控制		
$Indu$			控制		
统计量	$Adj\text{-}R^2$=0.146	F 值=56.171***	样本量=12254		

注：*，**，*** 分别表示双尾检验在 10%、5%和 1%水平上显著。

综合母子公司地理空间距离与应计项目盈余管理关系的回归分析结果(表 5-3)和母子公司制度环境距离与应计项目盈余管理关系的回归分析结果(表 5-4)，可以看出随着母子公司地理空间距离的增大和制度环境距离的增大，上市公司的应计项目盈余管理程度将增大，假设 1.1 得到验证。

2. 母子公司距离与实际活动盈余管理关系的检验(假设 1.2)

(1)母子公司地理空间距离与实际活动盈余管理关系的验证。

表 5-5 反映的是母子公司地理空间距离与实际活动盈余管理关系的回归分析结果。实际活动盈余管理通过销售操控程度($ACFO$)、费用操控程度($AEXP$)、生产操控程度($APROD$)和总实际活动盈余管理程度(TR)四个方面来反映。本书运用普通最小二乘法得出模型(4-18)的回归系数。

表 5-5 的第一列反映的是母子公司地理空间距离与销售操控关系的回归结果。$Adj\text{-}R^2$ 和 F 值分别反映了回归方程的拟合优度和回归方程的显著性情况。可以看出，F 值为 12.990(在 1%的水平上显著)，说明回归方程的显著性水平较高。GSD 变量的回归系数为−0.012，并在 1%的水平上显著(t=−4.781)，说明在控制了其他因素的影响下，母子公司地理空间距离越大，上市公司销售操控程度越高。

表 5-5 的第二列反映的是母子公司地理空间距离与费用操控关系的回归结果

果。$Adj-R^2$ 和 F 值分别反映了回归方程的拟合优度和回归方程的显著性情况。可以看出,F 值为 19.237(在 1%的水平上显著),说明回归方程的显著性水平较高。GSD 变量的回归系数为−0.007,并在 1%的水平上显著(t=−4.050),说明在控制了其他因素的影响下,母子公司地理空间距离越大,上市公司费用操控程度越高。

表 5-5 的第三列反映的是母子公司地理空间距离与生产操控关系的回归结果。$Adj-R^2$ 和 F 值分别反映了回归方程的拟合优度和回归方程的显著性情况。可以看出,F 值为 39.341(在 1%的水平上显著),说明回归方程的显著性水平较高。GSD 变量的回归系数为 0.003,但不显著,说明在控制了其他因素的影响下,母子公司地理空间距离与生产操控的关系不明显。

表 5-5 的第四列反映的是母子公司地理空间距离与总实际活动盈余管理程度关系的回归结果。$Adj-R^2$ 和 F 值分别反映了回归方程的拟合优度和回归方程的显著性情况。可以看出,F 值为 36.383(在 1%的水平上显著),说明回归方程的显著性水平较高。GSD 变量的回归系数为 0.010,并在 5%的水平上显著(t=1.995)说明在控制了其他因素的影响下,母子公司地理空间距离越大,上市公司总实际活动盈余管理程度越高。

综合母子公司地理空间距离与销售操控程度(*ACFO*)、费用操控程度(*AEXP*)、生产操控程度(*APROD*)和总实际活动盈余管理程度(*TR*)关系的回归分析结果(表 5-5),可以看出随着母子公司地理空间距离的增大,上市公司的实际活动盈余管理程度将增大。

表 5-5 母子公司地理空间距离与实际活动盈余管理关系的回归分析表

变量	*ACFO*	*AEXP*	*APROD*	*TR*
	回归系数	回归系数	回归系数	回归系数
GSD	−0.012***	−0.007***	0.003	0.010**
	(−4.781)	(−4.050)	(1.455)	(1.995)
GRO	−0.012***	0.024***	0.096***	0.118***
	(−4.328)	(13.071)	(23.249)	(20.511)
ROE	0.081***	0.006*	−0.163***	−0.250***
	(14.456)	(1.736)	(−19.288)	(−21.264)
DTA	−0.038***	−0.006*	0.102***	0.139***
	(−8.653)	(−1.927)	(15.599)	(15.209)
TAR	0.000	0.024***	−0.032***	−0.032***
	(0.111)	(19.765)	(−11.915)	(−8.515)

续表 5-5

变量	ACFO	AEXP	APROD	TR
	回归系数	回归系数	回归系数	回归系数
lnA	0.002**	−0.002***	0.005***	0.002
	(2.304)	(−3.130)	(3.366)	(1.107)
AO	0.007**	−0.016***	0.006	−0.001
	(2.088)	(−7.594)	(1.298)	(−0.184)
BIG	0.010**	0.009***	−0.013**	−0.025***
	(2.427)	(3.316)	(−2.146)	(−2.892)
PSHF	0.002	−0.016***	0.020**	0.020
	(0.372)	(−3.627)	(2.010)	(1.402)
常数项	−0.030	0.046***	−0.140***	−0.101***
	(−1.601)	(3.681)	(−4.958)	(−2.580)
Year	控制	控制	控制	控制
Indu	控制	控制	控制	控制
样本量	12254	12254	12254	12254
$Adj\text{-}R^2$	0.036	0.054	0.107	0.099
F 值	12.990***	19.237***	39.341***	36.383***

注：()内表示 t 值；*，**，*** 分别表示双尾检验在 10%、5%和 1%水平上显著。

(2)母子公司制度环境距离与实际活动盈余管理关系的验证。

表 5-6 反映的是母子公司制度环境距离与实际活动盈余管理关系的回归分析结果。实际活动盈余管理通过销售操控程度(*ACFO*)、费用操控程度(*AEXP*)、生产操控程度(*APROD*)和总实际活动盈余管理程度(*TR*)四个方面来反映。本书运用普通最小二乘法得出模型(4-19)的回归系数。

表 5-6 的第一列反映的是母子公司制度环境距离与销售操控关系的回归结果。$Adj\text{-}R^2$ 和 F 值分别反映了回归方程的拟合优度和回归方程的显著性情况。可以看出，F 值为 13.052(在 1%的水平上显著)，说明回归方程的显著性水平较高。*IED* 变量的回归系数为−0.005，并在 1%的水平上显著(t=−5.015)，说明在控制了其他因素的影响下，母子公司制度环境距离越大，上市公司销售操控程度越高。

表 5-6 的第二列反映的是母子公司制度环境距离与费用操控关系的回归结果。$Adj\text{-}R^2$ 和 F 值分别反映了回归方程的拟合优度和回归方程的显著性情况。可以看出，F 值为 19.161(在 1%的水平上显著)，说明回归方程的显著性水平较

高。*IED*变量的回归系数为-0.002，并在1%的水平上显著(t=-3.698)，说明在控制了其他因素的影响下，母子公司制度环境距离越大，上市公司费用操控程度越高。

表5-6的第三列反映的是母子公司制度环境距离与生产操控关系的回归结果。$Adj-R^2$和F值分别反映了回归方程的拟合优度和回归方程的显著性情况。可以看出，F值为39.330(在1%的水平上显著)，说明回归方程的显著性水平较高。*IED*变量的回归系数为-0.001，但不显著，说明在控制了其他因素的影响下，母子公司制度环境距离与生产操控的关系不明显。

表5-6的第四列反映的是母子公司制度环境距离与总实际活动盈余管理程度关系的回归结果。$Adj-R^2$和F值分别反映了回归方程的拟合优度和回归方程的显著性情况。可以看出，F值为36.420(在1%的水平上显著)，说明回归方程的显著性水平较高。*IED*变量的回归系数为0.005，并在5%的水平上显著(t=2.297)，说明在控制了其他因素的影响下，母子公司制度环境距离越大，上市公司总实际活动盈余管理程度越高。

综合母子公司制度环境距离与销售操控程度(*ACFO*)、费用操控程度(*AEXP*)、生产操控程度(*APROD*)和总实际活动盈余管理程度(*TR*)关系的回归分析结果(表5-6)，可以看出，随着母子公司制度环境距离的增大，实际活动盈余管理程度将增大。

表5-6 母子公司制度环境距离与实际活动盈余管理关系的回归分析表

变量	*ACFO*	*AEXP*	*APROD*	*TR*
	回归系数	回归系数	回归系数	回归系数
IED	-0.005***	-0.002***	-0.001	0.005**
	(-5.015)	(-3.698)	(-0.432)	(2.297)
GRO	-0.012***	0.024***	0.096***	0.118***
	(-4.341)	(13.080)	(23.247)	(20.517)
ROE	0.081***	0.006*	-0.163***	-0.250***
	(14.539)	(1.671)	(-19.277)	(-21.301)
DTA	-0.037***	-0.006**	0.102***	0.138***
	(-8.605)	(-1.984)	(15.620)	(15.199)
TAR	0.000	0.023***	-0.032***	-0.032***
	(0.251)	(19.651)	(-11.898)	(-8.577)
lnA	0.002**	-0.002***	0.004***	0.002
	(2.120)	(-2.937)	(3.322)	(1.176)

续表 5-6

变量	ACFO	AEXP	APROD	TR
	回归系数	回归系数	回归系数	回归系数
AO	0.006**	−0.016***	0.006	−0.001
	(2.060)	(−7.579)	(1.300)	(−0.168)
BIG	0.010**	0.009***	−0.013**	−0.025***
	(2.522)	(3.251)	(−2.142)	(−2.938)
PSHF	0.003	−0.016***	0.020**	0.019
	(0.437)	(−3.709)	(2.038)	(1.386)
常数项	−0.030	0.045***	−0.139***	−0.101***
	(−1.584)	(3.639)	(−4.938)	(−2.577)
Year	控制	控制	控制	控制
Indu	控制	控制	控制	控制
样本量	12254	12254	12254	12254
$Adj-R^2$	0.036	0.053	0.106	0.099
F 值	13.052***	19.161***	39.330***	36.420***

注：()内表示 t 值；*，**，*** 分别表示双尾检验在 10%、5%和 1%水平上显著。

结合母子公司地理空间距离与实际活动盈余管理关系的检验结果(表 5-5)和母子公司制度环境距离与实际活动盈余管理关系的检验结果(表 5-6)，可以看出，母子公司距离与实际活动盈余管理呈现正向关系，假设 1.2 得到验证。

综上所述，根据母子公司距离与应计项目盈余管理关系的回归分析结果(表 5-3和表 5-4)、母子公司距离与实际活动盈余管理关系的回归分析结果(表 5-5 和表 5-6)，可以看出，随着母子公司地理空间距离的增大和制度环境距离的增大，上市公司的盈余管理程度将增大，假设 1 得到验证。

5.3.2 母子公司距离与公司效率关系的验证

本部分将验证母子公司距离与公司效率的关系，具体包括母子公司地理空间距离与公司效率关系(假设 2.1)、母子公司制度环境距离与公司效率关系(假设 2.2)。

1. 母子公司地理空间距离与公司效率关系的验证

表 5-7 反映的是母子公司地理空间距离与公司效率关系的回归分析结果。本书运用普通最小二乘法得出模型(4-20)的回归系数。$Adj-R^2$ 和 F 值分别反映了回归方程的拟合优度和回归方程的显著性情况。可以看出，F 值为 302.321

(在 1%的水平上显著),说明回归方程的显著性水平较高。*GSD* 变量的回归系数为−0.002,并在 1%的水平上显著($t=-4.784$),说明在控制了其他因素的影响下,母子公司地理空间距离越大,上市公司的公司效率越低,与假设 2.1 一致。

表 5-7 母子公司地理空间距离与公司效率关系的回归分析表

变量	回归系数	*t* 值	显著性水平	*VIF* 值	容忍度
GSD	−0.002***	−4.784	0.0%	1.056	0.947
GRO	−0.001	−1.125	26.1%	1.208	0.828
ROE	0.025***	21.685	0.0%	1.207	0.829
DTA	−0.014***	−15.974	0.0%	1.295	0.772
TAR	0.020***	55.313	0.0%	1.382	0.723
ln*A*	0.002***	10.792	0.0%	1.781	0.561
AO	0.009***	13.739	0.0%	1.248	0.801
BIG	0.001	0.301	76.4%	1.113	0.898
PSHF	0.005***	3.643	0.0%	1.225	0.816
常数项	0.931***	243.249	0.0%	—	—
Year			控制		
Indu			控制		
统计量	$Adj\text{-}R^2=0.483$		*F* 值=302.321***	样本量=12254	

注:*,**,*** 分别表示双尾检验在 10%、5%和 1%水平上显著。

2. 母子公司制度环境距离与公司效率关系的验证

表 5-8 反映的是母子公司制度环境距离与公司效率关系的回归分析结果。本书运用普通最小二乘法得出模型(4-21)的回归系数。$Adj\text{-}R^2$ 和 *F* 值分别反映了回归方程的拟合优度和回归方程的显著性情况。可以看出,*F* 值为 302.241(在 1%的水平上显著),说明回归方程的显著性水平较高。*IED* 变量的回归系数为−0.001,并在 1%的水平上显著($t=-4.616$),说明在控制了其他因素的影响下,母子公司制度环境距离越大,公司效率越低,与假设 2.2 一致。

表 5-8 母子公司制度环境距离与公司效率关系的回归分析表

变量	回归系数	*t* 值	显著性水平	*VIF* 值	容忍度
IED	−0.001***	−4.616	0.0%	1.095	0.913
GRO	−0.001	−1.137	25.6%	1.208	0.828
ROE	0.025***	21.763	0.0%	1.207	0.829
DTA	−0.014***	−15.918	0.0%	1.294	0.773

续表 5-8

变量	回归系数	t 值	显著性水平	VIF 值	容忍度
TAR	0.020***	55.451	0.0%	1.382	0.724
$\ln A$	0.002***	10.614	0.0%	1.766	0.566
AO	0.009***	13.716	0.0%	1.249	0.801
BIG	0.001	0.380	70.1%	1.114	0.897
$PSHF$	0.005***	3.729	0.0%	1.223	0.818
常数项	0.931***	243.321	0.0%	—	—
$Year$			控制		
$Indu$			控制		
统计量	$Adj-R^2$=0.483	F 值=302.241***		样本量=12254	

注：*，**，*** 分别表示双尾检验在 10%、5%和 1%水平上显著。

综合母子公司地理空间距离与公司效率关系的回归分析结果（表 5-7）和母子公司制度环境距离与公司效率关系的回归分析结果（表 5-8），可以看出随着母子公司地理空间距离的增大和制度环境距离的增大，公司效率将降低，假设 2 得到验证。

5.3.3 盈余管理与公司效率关系的验证

本部分将验证盈余管理与公司效率的关系，具体包括应计项目盈余管理与公司效率的关系（假设 3.1）、实际活动盈余管理与公司效率的关系（假设 3.2）。

1. 应计项目盈余管理与公司效率关系的验证

表 5-9 反映的是应计项目盈余管理与公司效率关系的回归分析结果。本书运用普通最小二乘法得出模型（4-22）的回归系数。$Adj-R^2$ 和 F 值分别反映了回归方程的拟合优度和回归方程的显著性情况。可以看出，F 值为 304.056（在 1%的水平上显著），说明回归方程的显著性水平较高。DA 变量的回归系数为 0.016，并在 1%的水平上显著（t=7.544），说明在控制了其他因素的影响下，上市公司应计项目盈余管理程度越高，公司效率也越高，与假设 3.1 不一致。

表 5-9 应计项目盈余管理与公司效率关系的回归分析表

变量	回归系数	t 值	显著性水平	VIF 值	容忍度
DA	0.016***	7.544	0.0%	1.174	0.852
GRO	−0.001**	−2.243	2.5%	1.236	0.809

续表 5-9

变量	回归系数	t 值	显著性水平	VIF 值	容忍度
ROE	0.023***	19.376	0.0%	1.278	0.783
DTA	−0.013***	−14.950	0.0%	1.308	0.765
TAR	0.021***	55.963	0.0%	1.396	0.716
ln*A*	0.002***	9.728	0.0%	1.765	0.567
AO	0.009***	13.494	0.0%	1.250	0.800
BIG	0.001	0.306	76.0%	1.113	0.898
PSHF	0.005***	3.992	0.0%	1.220	0.819
常数项	0.934***	244.216	0.0%	—	—
Year			控制		
Indu			控制		
统计量	$Adj-R^2=0.484$	F 值=304.056***		样本量=12254	

注：*，**，*** 分别表示双尾检验在 10%、5%和 1%水平上显著。

2. 实际活动盈余管理与公司效率关系的验证

表 5-10 反映的是实际活动盈余管理与公司效率关系的回归分析结果。实际活动盈余管理通过销售操控程度(*ACFO*)、费用操控程度(*AEXP*)、生产操控程度(*APROD*)和总实际活动盈余管理程度(*TR*)四个方面来反映。本书运用普通最小二乘法得出模型(4-23)的回归系数。

表 5-10 的第一列反映的是销售操控与公司效率关系的回归结果。$Adj-R^2$ 和 *F* 值分别反映了回归方程的拟合优度和回归方程的显著性情况。可以看出，*F* 值为 302.852(在 1%的水平上显著)，说明回归方程的显著性水平较高。*RM* 变量的回归系数为 0.011，并在 1%的水平上显著($t=5.771$)，说明在控制了其他因素的影响下，上市公司销售操控程度越高，其公司效率越低。

表 5-10 的第二列反映的是费用操控与公司效率关系的回归结果。$Adj-R^2$ 和 *F* 值分别反映了回归方程的拟合优度和回归方程的显著性情况。可以看出，*F* 值为 306.125(在 1%的水平上显著)，说明回归方程的显著性水平较高。*RM* 变量的回归系数为 0.027，并在 1%的水平上显著($t=9.875$)，说明在控制了其他因素的影响下，上市公司费用操控程度越高，其公司效率越低。

表 5-10 的第三列反映的是生产操控与公司效率关系的回归结果。$Adj-R^2$ 和 *F* 值分别反映了回归方程的拟合优度和回归方程的显著性情况。可以看出，*F* 值为 301.239(在 1%的水平上显著)，说明回归方程的显著性水平较高。*RM* 变量的回归系数为−0.002，在 10%的水平上显著($t=-1.887$)，说明在控制了其他因

素的影响下，生产操控程度越高，其公司效率越低。

表 5-10 的第四列反映的是总实际活动盈余管理与公司效率关系的回归结果。$Adj-R^2$ 和 F 值分别反映了回归方程的拟合优度和回归方程的显著性情况。可以看出，F 值为 301.308(在 1%的水平上显著)，说明回归方程的显著性水平较高。RM 变量的回归系数为−0.002，并在 10%的水平上显著($t=-1.734$)，说明在控制了其他因素的影响下，上市公司总实际活动盈余管理程度越高，公司效率越低。

综合销售操控程度(ACFO)、费用操控程度(AEXP)、生产操控程度(APROD)和总实际活动盈余管理程度(TR)与公司效率关系的回归分析结果(表 5-10)，可以看出，上市公司的实际活动盈余管理程度越大，公司效率将越低，假设 3.2 得到验证。

表 5-10 实际活动盈余管理与公司效率关系的回归分析表

变量	CE RM=ACFO 回归系数	CE RM=AEXP 回归系数	CE RM=APROD 回归系数	CE RM=TR 回归系数
RM	0.011***	0.027***	−0.002*	−0.002*
	(5.771)	(9.875)	(−1.887)	(−1.734)
GRO	−0.001	0.001	−0.001	−0.001
	(−0.903)	(0.034)	(−1.369)	(−0.793)
ROE	0.024***	0.025***	0.025***	0.025***
	(20.806)	(21.946)	(21.611)	(20.994)
DTA	−0.014***	−0.014***	−0.014***	−0.014***
	(−15.335)	(−16.046)	(−15.827)	(−15.422)
TAR	0.020***	0.021***	0.020***	0.020***
	(55.422)	(56.447)	(55.180)	(55.065)
lnA	0.002***	0.002***	0.002***	0.002***
	(10.204)	(10.082)	(10.240)	(10.304)
AO	0.009***	0.008***	0.009***	0.009***
	(13.695)	(13.132)	(13.776)	(13.790)
BIG	0.001	0.001	0.001	0.001
	(0.112)	(0.536)	(0.260)	(0.190)

续表 5-10

变量	CE RM=ACFO 回归系数	CE RM=AEXP 回归系数	CE RM=APROD 回归系数	CE RM=TR 回归系数
PSHF	0.005*** (3.915)	0.005*** (3.611)	0.005*** (3.920)	0.005*** (3.965)
常数项	0.932*** (244.054)	0.933*** (244.830)	0.932*** (243.503)	0.932*** (243.585)
样本量	12254	12254	12254	12254
$Adj-R^2$	0.484	0.486	0.482	0.482
F 值	302.852***	306.125***	301.239***	301.308***

注:()内表示 t 值;*,**,*** 分别表示双尾检验在 10%、5%和 1%水平上显著。

5.4 稳健性检验

为了检验结论的可靠性,避免变量的不同对研究结论的影响,本书采用变量替代的方式进行稳健性检验。

(1)改变母子公司距离的度量方式。

通过计算母子公司地理空间距离的平均差和制度环境距离的平均差,分别替代母子公司地理空间距离的标准差和制度环境距离的标准差,度量母子公司距离。

模型(5-1)用于计算母子公司地理空间距离的平均差,D' 表示均值,n 表示母公司 p 所属的子公司的个数。

$$GSD_{it} = 0.001 \times \{[\sum_{j=1}^{n}(|D_{psj} - D'|)]/n\} \quad (5-1)$$

模型(5-2)用于计算母子公司制度环境距离的平均差,M' 表示均值,n 表示母公司 p 所属的子公司的个数。

$$IED_{it} = [\sum_{j=1}^{n}(|M_{psj} - M'|)]/n \quad (5-2)$$

(2)改变公司效率的度量方式。

借鉴已有研究,本书采用随机前沿分析法(stochastic frontier analysis,SFA)计算上市公司的技术效率,反映上市公司的公司效率,该种方法适用于多个投入一个产出的分析。其中投入指标包括企业总资产和企业职工人数,产出指标为主营业务利润。

(3)改变部分控制变量的度量方式。

销售收入增长率代替总资产增长率来表示企业成长状况(GRO),营业利润率

(*ROA*)代替权益回报率(*ROE*)来表示盈利能力,流动比率代替资产负债率来表示企业偿债能力(*DTA*),非流动资产周转率(*FAR*)代替总资产周转率(*TAR*)来表示企业营运能力,主营业务收入的自然对数代替资产自然对数来表示企业规模(ln*A*),企业前五大流通股股东持股比例平方和代替企业前五大股东持股比例平方和来表示企业股权集中度(*PSHF*)。

5.4.1 母子公司距离与盈余管理关系的稳健性检验

本部分将对母子公司距离与盈余管理的关系进行稳健性测试,具体包括母子公司距离与应计项目盈余管理关系(假设 1.1)的稳健性测试和母子公司距离与实际活动盈余管理关系(假设 1.2)的稳健性测试。

1. 母子公司距离与应计项目盈余管理关系的稳健性检验

(1)母子公司地理空间距离与应计项目盈余管理关系的稳健性检验结果如表 5-11 所示。$Adj-R^2$ 和 F 值分别反映了回归方程的拟合优度和回归方程的显著性情况。可以看出,F 值为 60.709(在 1%的水平上显著),说明回归方程的显著性水平较高。*GSD* 变量的回归系数为 0.012,并在 1%的水平上显著(t=4.414),说明在控制了其他因素的影响下,母子公司地理空间距离越大,上市公司应计项目盈余管理程度越高。

表 5-11 母子公司地理空间距离与应计项目盈余管理关系的稳健性检验结果

变量	回归系数	t 值	显著性水平	*VIF* 值	容忍度
GSD	0.012***	4.414	0.0%	1.046	0.956
GRO	−0.001	−0.283	77.8%	1.237	0.808
ROA	0.409***	38.274	0.0%	1.447	0.691
DTA	0.003***	4.192	0.0%	1.208	0.827
FAR	−0.002***	−4.217	0.0%	1.536	0.651
ln*A*	−0.002***	−3.039	0.2%	1.817	0.550
AO	0.010***	3.908	0.0%	1.211	0.826
BIG	0.001	0.348	72.8%	1.089	0.919
PSHF	−0.004	−0.458	64.7%	1.647	0.607
常数项	0.011	0.850	39.5%	—	—
Year			控制		
Indu			控制		
统计量	$Adj-R^2$=0.156		F 值=60.709***		样本量=12254

注:*,**,*** 分别表示双尾检验在 10%、5%和 1%水平上显著。

(2)母子公司制度环境距离与应计项目盈余管理关系的稳健性检验结果如表 5-12 所示。$Adj-R^2$和 F 值分别反映了回归方程的拟合优度和回归方程的显著性情况。可以看出,F 值为 60.883(在 1%的水平上显著),说明回归方程的显著性水平较高。IED 变量的回归系数为 0.005,并在 1%的水平上显著($t=5.004$),说明在控制了其他因素的影响下,母子公司制度环境距离越大,上市公司应计项目盈余管理程度越高。

表 5-12 母子公司制度环境距离与应计项目盈余管理关系的稳健性检验结果

变量	回归系数	t 值	显著性水平	VIF 值	容忍度
IED	0.005***	5.004	0.0%	1.046	0.956
GRO	0.000	−0.286	77.5%	1.237	0.808
ROA	0.410***	38.294	0.0%	1.447	0.691
DTA	0.003***	4.244	0.0%	1.208	0.827
FAR	−0.002***	−4.345	0.0%	1.536	0.651
$\ln A$	−0.002***	−2.921	0.3%	1.817	0.550
AO	0.010***	3.930	0.0%	1.211	0.826
BIG	0.001	0.236	81.3%	1.089	0.919
$PSHF$	−0.004	−0.436	66.3%	1.647	0.607
常数项	0.011	0.923	35.6%	—	—
$Year$			控制		
$Indu$			控制		
统计量		$Adj-R^2=0.157$	F 值=60.883***	样本量=12254	

注:*,**,*** 分别表示双尾检验在 10%、5%和 1%水平上显著。

综合母子公司地理空间距离与应计项目盈余管理关系的稳健性检验结果(表 5-11)和母子公司制度环境距离与应计项目盈余管理关系的稳健性检验结果(表 5-12),可以看出随着母子公司地理空间距离的增大和制度环境距离的增大,上市公司的应计项目盈余管理程度将增大,假设 1.1 再次得到验证。

2. 母子公司距离与实际活动盈余管理关系的稳健性检验(假设 1.2)

(1)母子公司地理空间距离与实际活动盈余管理关系的稳健性检验。

表 5-13 反映的是母子公司地理空间距离与实际活动盈余管理关系的稳健性检验结果。实际活动盈余管理通过销售操控程度($ACFO$)、费用操控程度($AEXP$)、生产操控程度($APROD$)和总实际活动盈余管理程度(TR)四个方面来反映。

表 5-13 的第一列反映的是母子公司地理空间距离与销售操控关系的稳健性

检验结果。$Adj-R^2$和 F 值分别反映了回归方程的拟合优度和回归方程的显著性情况。可以看出，F 值为 25.041(在 1%的水平上显著)，说明回归方程的显著性水平较高。*GSD* 变量的回归系数为－0.012，并在 1%的水平上显著(t=－4.064)，说明在控制了其他因素的影响下，母子公司地理空间距离越大，上市公司销售操控程度越高。

表 5－13 的第二列反映的是母子公司地理空间距离与费用操控关系的稳健性检验结果。$Adj-R^2$和 F 值分别反映了回归方程的拟合优度和回归方程的显著性情况。可以看出，F 值为 19.803(在 1%的水平上显著)，说明回归方程的显著性水平较高。*GSD* 变量的回归系数为－0.007，并在 1%的水平上显著(t=－3.530)，说明在控制了其他因素的影响下，母子公司地理空间距离越大，上市公司费用操控程度越高。

表 5－13 的第三列反映的是母子公司地理空间距离与生产操控关系的稳健性检验结果。$Adj-R^2$和 F 值分别反映了回归方程的拟合优度和回归方程的显著性情况。可以看出，F 值为 25.522(在 1%的水平上显著)，说明回归方程的显著性水平较高。*GSD* 变量的回归系数为 0.002，并在 10%的水平上显著(t=1.715)，说明在控制了其他因素的影响下，母子公司地理空间距离越大，上市公司生产操控程度越高。

表 5－13 的第四列反映的是母子公司地理空间距离与总实际活动盈余管理程度关系的稳健性检验结果。$Adj-R^2$和 F 值分别反映了回归方程的拟合优度和回归方程的显著性情况。可以看出，F 值为 32.901(在 1%的水平上显著)，说明回归方程的显著性水平较高。*GSD* 变量的回归系数为 0.012，并在 10%的水平上显著(t=1.849)说明在控制了其他因素的影响下，母子公司地理空间距离越大，上市公司总实际活动盈余管理程度越高。

综合母子公司地理空间距离与销售操控程度(*ACFO*)、费用操控程度(*AEXP*)、生产操控程度(*APROD*)和总实际活动盈余管理程度(*TR*)关系的稳健性检验结果(表 5－13)，可以看出随着母子公司地理空间距离的增大，上市公司的实际活动盈余管理程度将增大。

表 5－13　母子公司地理空间距离与实际活动盈余管理关系的稳健性检验结果

变量	*ACFO*	*AEXP*	*APROD*	*TR*
	回归系数	回归系数	回归系数	回归系数
GSD	－0.012***	－0.007***	0.002*	0.012*
	(－4.064)	(－3.530)	(1.715)	(1.849)

续表 5-13

变量	ACFO 回归系数	AEXP 回归系数	APROD 回归系数	TR 回归系数
GRO	−0.006*** (−3.933)	0.015*** (15.745)	0.006*** (2.686)	0.014*** (4.560)
ROA	0.317*** (25.868)	0.051*** (6.087)	−0.541*** (−28.160)	−0.858*** (−32.537)
DTA	−0.004*** (−5.068)	0.000 (0.276)	−0.001 (−1.137)	0.003* (1.820)
FAR	−0.006*** (−12.531)	0.002*** (6.611)	0.001 (0.874)	0.006*** (6.432)
lnA	0.002** (2.566)	0.002*** (5.419)	0.004*** (3.699)	0.002 (1.350)
AO	−0.001 (−0.478)	−0.019*** (−9.076)	0.027*** (5.752)	0.029*** (4.395)
BIG	0.006 (1.523)	0.002 (0.889)	−0.005 (−0.775)	−0.013 (−1.482)
PSHF	0.017 (1.558)	0.002 (0.219)	−0.024 (−1.393)	−0.040* (−1.704)
常数项	−0.024* (−1.697)	−0.034*** (−3.590)	−0.080*** (−3.600)	−0.052* (−1.717)
Year	控制	控制	控制	控制
Indu	控制	控制	控制	控制
样本量	12254	12254	12254	12254
$Adj\text{-}R^2$	0.069	0.055	0.071	0.090
F值	25.041***	19.803***	25.522***	32.901***

注：()内表示 t 值；*，**，*** 分别表示双尾检验在10%、5%和1%水平上显著。

(2)母子公司制度环境距离与实际活动盈余管理关系的稳健性检验。

表5-14反映的是母子公司制度环境距离与实际活动盈余管理关系的稳健性检验结果。实际活动盈余管理通过销售操控程度(ACFO)、费用操控程度(AEXP)、生产操控程度(APROD)和总实际活动盈余管理程度(TR)四个方面来反映。

表 5-14 的第一列反映的是母子公司制度环境距离与销售操控关系的稳健性检验结果。$Adj-R^2$ 和 F 值分别反映了回归方程的拟合优度和回归方程的显著性情况。可以看出,F 值为 25.002(在 1%的水平上显著),说明回归方程的显著性水平较高。*IED* 变量的回归系数为－0.005,并在 1%的水平上显著(t=－3.891),说明在控制了其他因素的影响下,母子公司制度环境距离越大,上市公司销售操控程度越高。

表 5-14 的第二列反映的是母子公司制度环境距离与费用操控关系的稳健性检验结果。$Adj-R^2$ 和 F 值分别反映了回归方程的拟合优度和回归方程的显著性情况。可以看出,F 值为 19.872(在 1%的水平上显著),说明回归方程的显著性水平较高。*IED* 变量的回归系数为－0.003,并在 1%的水平上显著(t=－3.866),说明在控制了其他因素的影响下,母子公司制度环境距离越大,上市公司费用操控程度越高。

表 5-14 的第三列反映的是母子公司制度环境距离与生产操控关系的稳健性检验结果。$Adj-R^2$ 和 F 值分别反映了回归方程的拟合优度和回归方程的显著性情况。可以看出,F 值为 25.544(在 1%的水平上显著),说明回归方程的显著性水平较高。*IED* 变量的回归系数为 0.002,并在 10%的水平上显著(t=1.708),说明在控制了其他因素的影响下,母子公司制度环境距离越大,上市公司生产操控程度越高。

表 5-14 的第四列反映的是母子公司制度环境距离与总实际活动盈余管理程度关系的稳健性检验结果。$Adj-R^2$ 和 F 值分别反映了回归方程的拟合优度和回归方程的显著性情况。可以看出,F 值为 32.850(在 1%的水平上显著),说明回归方程的显著性水平较高。*IED* 变量的回归系数为 0.003,并在 10%的水平上显著(t=1.786)说明在控制了其他因素的影响下,母子公司制度环境距离越大,上市公司总实际活动盈余管理程度越高。

综合母子公司制度环境距离与销售操控程度(*ACFO*)、费用操控程度(*AEXP*)、生产操控程度(*APROD*)和总实际活动盈余管理程度(*TR*)关系的稳健性检验结果(表 5-14),可以看出,随着母子公司制度环境距离的增大,上市公司的实际活动盈余管理程度将增大。

表 5-14　母子公司制度环境距离与实际活动盈余管理关系的稳健性检验结果

变量	*ACFO*	*AEXP*	*APROD*	*TR*
	回归系数	回归系数	回归系数	回归系数
IED	－0.005***	－0.003***	0.002*	0.003*
	(－3.891)	(－3.866)	(1.708)	(1.786)

续表 5－14

变量	ACFO 回归系数	AEXP 回归系数	APROD 回归系数	TR 回归系数
GRO	－0.006***	0.015***	0.006***	0.014***
	(－3.933)	(15.744)	(2.689)	(4.562)
ROA	0.317***	0.051***	－0.541***	－0.858***
	(25.875)	(6.093)	(－28.174)	(－32.551)
DTA	－0.004***	0.000	－0.001	0.003*
	(－5.130)	(0.318)	(－1.133)	(1.858)
FAR	－0.006***	0.002***	0.001	0.006***
	(－12.425)	(6.511)	(0.897)	(6.394)
lnA	0.002**	0.002***	0.004***	0.002
	(2.435)	(5.529)	(3.704)	(1.427)
AO	－0.002	－0.019***	0.027***	0.029***
	(－0.497)	(－9.061)	(5.750)	(4.403)
BIG	0.006	0.002	－0.005	－0.013
	(1.588)	(0.806)	(－0.739)	(－1.487)
PSHF	0.017	0.002	－0.024	－0.040*
	(1.552)	(0.234)	(－1.405)	(－1.711)
常数项	－0.025*	－0.034***	－0.080***	－0.052*
	(－1.756)	(－3.534)	(－3.613)	(－1.696)
Year	控制	控制	控制	控制
Indu	控制	控制	控制	控制
样本量	12254	12254	12254	12254
$Adj-R^2$	0.069	0.055	0.071	0.090
F 值	25.002***	19.872***	25.544***	32.850***

注：()内表示 t 值；*，**，*** 分别表示双尾检验在 10%、5%和 1%水平上显著。

结合母子公司地理空间距离与实际活动盈余管理关系的稳健性检验结果(表 5－13)和母子公司制度环境距离与实际活动盈余管理关系的稳健性检验结果(表 5－14)，可以看出，母子公司距离与实际活动盈余管理呈现正向关系，假设 1.2 再次得到验证。

综上所述，根据母子公司距离与应计项目盈余管理关系的稳健性检验结果(表

5－11 和表 5－12)和母子公司距离与实际活动盈余管理关系的稳健性检验结果(表 5－13 和表 5－14),可以看出,随着母子公司地理空间距离的增大和制度环境距离的增大,上市公司的盈余管理程度将增大,假设 1 再次得到验证。

5.4.2 母子公司距离与公司效率关系的稳健性检验

本部分将检验母子公司距离与公司效率关系的稳健性,具体包括母子公司地理空间距离与公司效率关系的稳健性检验(假设 2.1)和母子公司制度环境距离与公司效率关系的稳健性检验(假设 2.2)。

1. 母子公司地理空间距离与公司效率关系的稳健性检验

表 5－15 反映的是母子公司地理空间距离与公司效率关系的稳健性检验结果。$Adj-R^2$和 F 值分别反映了回归方程的拟合优度和回归方程的显著性情况。可以看出,F 值为 198.182(在 1%的水平上显著),说明回归方程的显著性水平较高。*GSD* 变量的回归系数为－0.003,并在 10%的水平上显著(t=－1.960),说明在控制了其他因素的影响下,母子公司地理空间距离越大,上市公司的公司效率越低,假设 2.1 再次得到验证。

表 5－15 母子公司地理空间距离与公司效率关系的稳健性检验结果

变量	回归系数	t 值	显著性水平	*VIF* 值	容忍度
GSD	－0.003*	－1.960	5.0%	1.046	0.956
GRO	－0.041***	－11.208	0.0%	1.237	0.808
ROA	1.502***	48.245	0.0%	1.447	0.691
DTA	0.020***	10.816	0.0%	1.208	0.827
FAR	0.002	1.453	14.6%	1.536	0.651
ln*A*	0.005***	3.255	0.1%	1.817	0.550
AO	－0.011	－1.476	14.0%	1.211	0.826
BIG	0.018*	1.979	7.2%	1.089	0.919
PSHF	0.178***	6.491	0.0%	1.647	0.607
常数项	0.393***	10.907	0.0%	—	—
Year			控制		
Indu			控制		
统计量	$Adj-R^2$=0.379　F 值=198.182***　样本量=12254				

注:*,**,*** 分别表示双尾检验在 10%、5%和 1%水平上显著。

2. 母子公司制度环境距离与公司效率关系的稳健性检验

表 5 - 16 反映的是母子公司制度环境距离与公司效率关系的稳健性检验结果。$Adj-R^2$ 和 F 值分别反映了回归方程的拟合优度和回归方程的显著性情况。可以看出,F 值为 198.327(在 1%的水平上显著),说明回归方程的显著性水平较高。*IED* 变量的回归系数为－0.006,并在 10%的水平上显著(t=－1.881),说明在控制了其他因素的影响下,母子公司制度环境距离越大,上市公司的公司效率越低,假设 2.2 再次得到验证。

表 5 - 16 母子公司制度环境距离与公司效率关系的稳健性检验结果

变量	回归系数	t 值	显著性水平	*VIF* 值	容忍度
IED	－0.006*	－1.881	6.0%	1.086	0.921
GRO	－0.041***	－11.220	0.0%	1.237	0.808
ROA	1.504***	48.309	0.0%	1.447	0.691
DTA	0.020***	10.770	0.0%	1.208	0.828
FAR	0.002	1.414	15.7%	1.537	0.651
ln*A*	0.005***	3.184	0.1%	1.812	0.552
AO	－0.011	－1.487	13.9%	1.211	0.826
BIG	0.017*	1.690	9.1%	1.090	0.917
PSHF	0.179***	6.537	0.0%	1.647	0.607
常数项	0.393***	10.927	0.0%	—	—
Year			控制		
Indu			控制		
统计量		$Adj-R^2$＝0.380	F 值＝198.327***	样本量＝12254	

注:*,**,*** 分别表示双尾检验在 10%、5%和 1%水平上显著。

综合母子公司地理空间距离与公司效率关系的稳健性检验结果(表 5 - 15)和母子公司制度环境距离与公司效率关系的稳健性检验结果(表 5 - 16),可以看出随着母子公司地理空间距离的增大和制度环境距离的增大,上市公司的公司效率将降低,假设 2 再次得到验证。

5.4.3 盈余管理与公司效率关系的稳健性检验

本部分将检验盈余管理与公司效率关系的稳健性,具体包括应计项目盈余管理与公司效率关系的稳健性检验(假设 3.1)和实际活动盈余管理与公司效率关系的稳健性检验(假设 3.2)。

1. 应计项目盈余管理与公司效率关系的稳健性检验

表 5-17 反映的是应计项目盈余管理与公司效率关系的稳健性检验结果。$Adj-R^2$和 F 值分别反映了回归方程的拟合优度和回归方程的显著性情况。可以看出，F 值为 201.407(在 1%的水平上显著)，说明回归方程的显著性水平较高。DA 变量的回归系数为 0.229，并在 1%的水平上显著(t=8.714)，说明在控制了其他因素的影响下，上市公司应计项目盈余管理程度越高，公司效率也越高，与假设 3.1 不一致。

表 5-17 应计项目盈余管理与公司效率关系的稳健性检验结果

变量	回归系数	t 值	显著性水平	VIF 值	容忍度
DA	0.229***	8.714	0.0%	1.187	0.842
GRO	−0.041***	−11.265	0.0%	1.237	0.808
ROA	1.595***	48.613	0.0%	1.619	0.618
DTA	0.021***	11.177	0.0%	1.209	0.827
FAR	0.001	1.124	26.1%	1.538	0.650
$\ln A$	0.005***	3.029	0.2%	1.811	0.552
AO	−0.009	−1.172	24.1%	1.212	0.825
BIG	0.018*	1.831	6.7%	1.088	0.919
$PSHF$	0.177***	6.477	0.0%	1.646	0.607
常数项	0.395***	11.007	0.0%	—	—
$Year$			控制		
$Indu$			控制		
统计量	$Adj-R^2$=0.383　F 值=201.407***　样本量=12254				

注：*，**，*** 分别表示双尾检验在 10%、5%和 1%水平上显著。

2. 实际活动盈余管理与公司效率关系的稳健性检验

表 5-18 反映的是实际活动盈余管理与公司效率关系的稳健性检验结果。实际活动盈余管理通过销售操控程度($ACFO$)、费用操控程度($AEXP$)、生产操控程度($APROD$)和总实际活动盈余管理程度(TR)四个方面来反映。

表 5-18 的第一列反映的是销售操控与公司效率关系的稳健性检验结果。$Adj-R^2$和 F 值分别反映了回归方程的拟合优度和回归方程的显著性情况。可以看出，F 值为 202.382(在 1%的水平上显著)，说明回归方程的显著性水平较高。RM 变量的回归系数为 0.227，并在 1%的水平上显著(t=9.942)，说明在控制了其他因素的影响下，上市公司销售操控程度越高，其公司效率越低。

表 5－18 的第二列反映的是费用操控与公司效率关系的稳健性检验结果。$Adj-R^2$ 和 F 值分别反映了回归方程的拟合优度和回归方程的显著性情况。可以看出，F 值为 216.559（在 1％的水平上显著），说明回归方程的显著性水平较高。*RM* 变量的回归系数为 0.693，并在 1％的水平上显著（t＝20.787），说明在控制了其他因素的影响下，上市公司费用操控程度越高，其公司效率越低。

表 5－18 的第三列反映的是生产操控与公司效率关系的稳健性检验结果。$Adj-R^2$ 和 F 值分别反映了回归方程的拟合优度和回归方程的显著性情况。可以看出，F 值为 205.552（在 1％的水平上显著），说明回归方程的显著性水平较高。*RM* 变量的回归系数为－0.192（在 1％的水平上显著），说明在控制了其他因素的影响下，上市公司生产操控程度越高，其公司效率越低。

表 5－18 的第四列反映的是总实际活动盈余管理与公司效率关系的稳健性检验结果。$Adj-R^2$ 和 F 值分别反映了回归方程的拟合优度和回归方程的显著性情况。可以看出，F 值为 207.285（在 1％的水平上显著），说明回归方程的显著性水平较高。*RM* 变量的回归系数为－0.155，并在 1％的水平上显著（t＝－14.632）说明在控制了其他因素的影响下，上市公司总实际活动盈余管理程度越高，公司效率越低。

综合销售操控程度（*ACFO*）、费用操控程度（*AEXP*）、生产操控程度（*APROD*）和总实际活动盈余管理程度（*TR*）与公司效率关系的回归分析结果（表 5－18），可以看出，上市公司的实际活动盈余管理程度越大，公司效率将越低，假设 3.2 再次得到验证。

表 5－18　实际活动盈余管理与公司效率关系的稳健性检验结果

变量	*CE* *RM*＝*ACFO* 回归系数	*CE* *RM*＝*AEXP* 回归系数	*CE* *RM*＝*APROD* 回归系数	*CE* *RM*＝*TR* 回归系数
RM	0.227*** (9.942)	0.693*** (20.787)	－0.192*** (－13.167)	－0.155*** (－14.632)
GRO	－0.040*** (－10.893)	－0.052*** (－14.225)	－0.040*** (－10.966)	－0.039*** (－10.694)
ROA	1.430*** (44.907)	1.468*** (47.919)	1.399*** (43.856)	1.369*** (42.564)
DTA	0.021*** (11.309)	0.020*** (10.925)	0.020*** (10.748)	0.020*** (11.152)

续表 5-18

变量	CE RM=ACFO 回归系数	CE RM=AEXP 回归系数	CE RM=APROD 回归系数	CE RM=TR 回归系数
FAR	0.003** (2.569)	0.000 (0.240)	0.002 (1.569)	0.003** (2.314)
ln*A*	0.005*** (3.042)	0.004** (2.232)	0.006*** (3.698)	0.006*** (3.461)
AO	−0.011 (−1.439)	0.002 (0.199)	−0.006 (−0.802)	−0.007 (−0.907)
BIG	0.017* (1.669)	0.016 (1.630)	0.017* (1.705)	0.016 (1.614)
PSHF	0.174*** (6.378)	0.177*** (6.584)	0.174*** (6.379)	0.172*** (6.325)
常数项	0.398*** (11.102)	0.416*** (11.763)	0.377*** (10.548)	0.385*** (10.773)
Year	控制	控制	控制	控制
Indu	控制	控制	控制	控制
样本量	12254	12254	12254	12254
$Adj\text{-}R^2$	0.384	0.401	0.388	0.390
F 值	202.382***	216.559***	205.552***	207.285***

注:()内表示 *t* 值;*,**,*** 分别表示双尾检验在 10%、5%和 1%水平上显著。

3. 盈余管理与公司效率关系的内生性检验

本书采用工具变量法控制内生性的影响。以公司营业收入占同年度同行业总营业收入比例作为工具变量的计算基础,该工具变量有效缓解了时间和行业因素的影响。运用 2SLS 回归分析方法考察盈余管理与公司效率的关系,具体包括应计项目盈余管理与公司效率关系的内生性检验和实际活动盈余管理与公司效率关系的内生性检验,具体结果如表 5-19 所示。

表 5-19 的第一列反映的是应计项目盈余管理(*DA*)与公司效率关系的 2SLS 回归分析结果。可以看出,*DA* 变量的回归系数为 0.285,并在 10%的水平上显著(t=1.951),说明在控制了其他因素的影响下,上市公司应计项目盈余管理程度越高,公司效率也越高,与假设 3.1 不一致。

表 5-19 的第二列反映的是销售操控与公司效率关系的 2SLS 回归分析结

果。可以看出,*ACFO* 变量的回归系数为 0.408,并在 10%的水平上显著(t=1.781),说明在控制了其他因素的影响下,上市公司销售操控程度越高,其公司效率越低。

表 5-19 的第三列反映的是费用操控与公司效率关系的 2SLS 回归分析结果。可以看出,*AEXP* 变量的回归系数为 0.656,并在 5%的水平上显著(t=2.085),说明在控制了其他因素的影响下,上市公司费用操控程度越高,其公司效率越低。

表 5-19 的第四列反映的是生产操控与公司效率关系的 2SLS 回归分析结果。可以看出,*APROD* 变量的回归系数为−0.321,在 10%的水平上显著(t=−1.803),说明在控制了其他因素的影响下,上市公司生产操控程度越高,其公司效率越低。

表 5-19 的第五列反映的是总实际活动盈余管理与公司效率关系的 2SLS 回归分析结果。可以看出,*TR* 变量的回归系数为−0.226,并在 5%的水平上显著(t=−2.141),说明在控制了其他因素的影响下,总实际活动盈余管理程度越高,公司效率越低。

综合销售操控程度(*ACFO*)、费用操控程度(*AEXP*)、生产操控程度(*APROD*)和总实际活动盈余管理程度(*TR*)与公司效率关系的 2SLS 回归分析结果(表 5-18),可以看出,上市公司的实际活动盈余管理程度越大,公司效率将越低,假设 3.2 再次得到验证。

表 5-19 盈余管理与公司效率关系的内生性检验结果

变量	(1) *EM*=*DA* 回归系数	(2) *EM*=*ACFO* 回归系数	(3) *EM*=*AEXP* 回归系数	(4) *EM*=*APROD* 回归系数	(5) *EM*=*TR* 回归系数
EM	0.285* (1.951)	0.408** (1.781)	0.656** (2.085)	−0.321* (−1.803)	−0.226** (−2.141)
GRO	0.011* (1.818)	−0.005 (−1.468)	0.015 (1.321)	−0.031 (−1.254)	−0.027 (−1.268)
ROE	0.062*** (3.259)	0.058** (2.406)	0.029*** (7.334)	0.077* (1.813)	0.081* (1.786)
DTA	−0.027*** (−4.042)	−0.029*** (−2.627)	−0.018*** (−5.178)	−0.047* (−1.751)	−0.045* (−1.795)
TAR	0.015*** (5.947)	0.021*** (24.348)	0.036*** (3.208)	0.031*** (3.631)	0.028*** (4.661)

续表 5-19

变量	(1) EM=DA 回归系数	(2) EM=ACFO 回归系数	(3) EM=AEXP 回归系数	(4) EM=APROD 回归系数	(5) EM=TR 回归系数
lnA	0.004*** (3.828)	0.003*** (4.061)	0.001 (0.990)	0.000 (0.365)	0.001** (2.002)
AO	0.013*** (5.910)	0.012*** (4.700)	−0.002 (−0.207)	0.007*** (2.991)	0.009*** (5.582)
BIG	−0.001 (−0.581)	0.004 (1.206)	0.006 (1.311)	0.004 (1.096)	0.006 (1.161)
PSHF	0.004** (1.998)	0.007** (2.138)	−0.006 (−0.677)	−0.001 (−0.196)	0.001 (0.284)
常数项	0.899*** (50.475)	0.922*** (81.136)	0.960*** (43.548)	0.976*** (26.092)	0.956*** (44.452)
Year	控制	控制	控制	控制	控制
Indu	控制	控制	控制	控制	控制
样本量	12254	12254	12254	12254	12254
Chi^2值	4429.141***	2218.886***	2232.299***	1761.631***	1792.598***

注：()内表示 t 值；*，**，*** 分别表示双尾检验在 10%、5%和 1%水平上显著；在 2SLS 回归中列示了第二阶段回归结果。

5.5 本章小结

在上述理论分析和研究方法设计的基础上，本章通过相关性分析、多元线性回归分析和稳健性检验，依次对母子公司距离与上市公司盈余管理关系（假设 1、假设 1.1 和 1.2）、母子公司距离与公司效率关系（假设 2、假设 2.1 和 2.2）和盈余管理与公司效率关系（假设 3、假设 3.1 和 3.2）进行了验证，检验结果表明应计项目盈余管理与公司效率的关系（假设 3.1）未通过验证，其余假设通过验证。具体检验结果如表 5-20 所示。

表 5－20　各项假设检验情况汇总表

编号	假设内容	是否通过
H1	母子公司距离越大，上市公司盈余管理程度越高	通过
H1.1	母子公司距离越大，上市公司应计项目盈余管理程度越高	通过
H1.2	母子公司距离越大，上市公司实际活动盈余管理程度越高	通过
H2	母子公司距离越大，上市公司的公司效率越低	通过
H2.1	母子公司地理空间距离与公司效率成负向关系	通过
H2.2	母子公司制度环境距离与公司效率成负向关系	通过
H3	上市公司盈余管理与公司效率呈现负向关系	部分通过
H3.1	上市公司应计项目盈余管理与公司效率成负向关系	未通过
H3.2	上市公司实际活动盈余管理与公司效率成负向关系	通过

第6章

结果讨论

本书在分析母子公司距离、盈余管理与公司效率之间内在关系的基础上，构建了反映三者关系的概念模型，分别从母子公司距离与盈余管理、母子公司距离与公司效率、盈余管理与公司效率的角度，分析了母子公司距离对上市公司管理当局盈余管理的作用及其对公司效率的影响。本书共提出了3项假设和6项子假设，其中有2项假设和5项子假设得到了充分的验证、1项假设得到了部分验证和1项子假设没有获得验证。总体来看，本书所构建的模型较好地通过了统计检验。本章根据假设检验结果，分析假设成立与否的原因，讨论检验结果所反映的理论和现实意义。

6.1 母子公司距离与盈余管理的关系

本书提出的假设1和假设1.1、1.2描述了母子公司距离与盈余管理的关系。从实证检验结果来看，母子公司地理空间距离与应计项目盈余管理关系、母子公司制度环境距离与应计项目盈余管理关系(假设1.1)，母子公司地理空间距离与实际活动盈余管理关系、母子公司制度环境距离与实际活动盈余管理关系(假设1.2)均通过了实证检验。本书的研究结果证实了母子公司在地理空间上的分散性和制度环境的差异性将对上市公司盈余管理产生显著的影响。母子公司地理空间距离和制度环境距离越大，上市公司的应计项目盈余管理程度越高，说明母子公司在地理空间上的分散性和制度环境的差异性是影响上市公司应计项目盈余管理决策的重要因素；同时，母子公司地理空间距离和制度环境距离越大，上市公司的实际活动盈余管理程度越高，说明母子公司在地理空间上的分散性和制度环境的差异性也是影响上市公司实际活动盈余管理决策的重要因素。

在母子公司距离与应计项目盈余管理关系中，母子公司地理空间距离、母子公司制度环境距离分别与应计项目盈余管理呈现显著的正向关系(假设1.1)，这说明了母子公司在地理空间和制度环境的异质性将影响到上市公司的应计项目盈余管理行为。在母子公司距离与应计项目盈余管理关系中,母子公司地理空间距离、母子公司制度环境距离分别与实际活动盈余管理呈现显著的正向关系(假设 1.2),这说明了母子公司在地理空间和制度环境的异质性将影响到上市公司的实际活动盈余管理行为。在本研究中,实际活动盈余管理是从销售操控、费用操控、生产操控和上述三种操控的汇总(总实际活动盈余管理)的角度进行反映和度量的,因此本书分别检验了母子公司距离与销售操控、母子公司距离与费用操控、母子公司距离与生产操控、母子公司距离与总实际活动盈余管理的关系,依次验证了母子公司距离越大的上市公司具有更高的销售操控程度、更高的费用操控程度、更高的生产操控程度和更高的总实际活动盈余管理程度的假设。

母子公司距离与盈余管理关系的研究结果不仅印证了母子公司地理空间距离和制度环境距离与应计项目盈余管理的关系,而且直接揭示了母子公司地理空间距离和制度环境距离对实际活动盈余管理的影响。这在一定程度上充实了母子公司距离、应计项目盈余管理和实际活动盈余管理之间关系的内容。我们的研究结果表明母子公司在地理空间和制度环境上的异质性对上市公司管理当局盈余管理行为具有显著的影响力。然后,已有文献主要从股权结构(Higgins,2013)[283]、董事会(Amoah 和 Tang,2010;Ran 等,2015)[284,285]、管理层激励(Ali 和 Zhang,2015;Kouaib 和 Jarboui,2016)[67,286]和审计环境(陈关亭、朱松和黄小琳,2014;Libby,Rennekamp 和 Seybert,2015)[89,287]等因素研究对盈余管理的影响,忽视了母子公司地理空间和制度环境的差异对应计项目盈余管理和实际活动盈余管理的作用。本书的研究则将盈余管理的研究拓展到母子公司地理空间和制度环境的框架下,丰富了盈余管理研究的维度和内容。

6.2　母子公司距离对公司效率的影响

本书的假设 2、假设 2.1 和 2.2 讨论了母子公司距离与公司效率之间的关系,实证结果表明母子公司距离与公司效率成反向关系,具体而言母子公司地理空间距离越大,上市公司的公司效率越低;母子公司制度环境距离越大,上市公司的公司效率越低。

以往研究公司效率的学者们很少涉及母子公司地理空间距离与母子公司制度环境的研究内容。学者们主要是从管理者特质、公司内部治理机制和公司外部治理环境等方面研究了公司效率的影响因素。已有研究认为:公司所有权和公司控制权的分离是现代企业的一个重要特征,股东和管理者之间的代理冲突长期存在,管理者特质差异将对公司效率产生影响(刘星、代彬和郝颖,2012;韩忠雪、崔建伟和王闪,2014)[203,204];公司内部治理机制的发挥将直接作用于公司经营管理过程，影响到公司效率（Chen 等，2011；陈艳利、乔菲和孙鹤元，2014）[205，206]；公司外部治理环境不仅为公司经营和发展提供了机遇和空间，而且对公司效率起到间接的制约和影响（Chung，Wynn 和 Yi，2013；杜兴强、赖少娟和杜颖洁，2013；Moradi-Motlagh 和 Babacan，2015）[207-209]。我们的研究认为，母子公司地理空间和制度环境的异质性也是影响上市公司公司效率的重要因素之一，在不同的母子公司地理空间和制度环境下，公司效率不尽相同。母子公司在地理空间上的分散和制度环境上的差异不仅将增加协调成本和运作成本，而且加大了企业管理控制的难度，代理问题将更为凸显；尤其是在信息不对称的条件下，企业经营具有复杂化、多变性的特征，子公司往往拥有资源的控制权和使用权，子公司管理当局为谋求自身利益最大化，产生“内部人控制”现象。从内部控制理论角度来看，母子公司地理空间距离增加了控制环境、风险评估和内部控制活动的复杂性，降低了信息与沟通、监督的效果，造成资源非最优配置，降低了公司效率。此外，与西方发达的市场经济环境相比，我国是经济发展非均衡的转轨经济国家。由于受到地理空间因素、历史进程和资源禀赋等“硬环境”以及国家政策、文化背景和经营理念等“软环境”的影响，在经济发展状况和制度环境方面，不论是东部、中部和西部区域差异还是省市差异，在不同程度上烙下了“区域板块”和“省市板块”的特征。不同区域和省市的公司所面临的政府干预、市场竞争环境、金融发展环境和投资者法律保护等方面大相径庭，母子公司制度环境迥然不同。母子公司制度环境差异将对上市公司投融资决策和经营决策产生影响（Kim，Pantzalis 和 Park，2012；Antia，Kim 和 Pantzalis，2013）[288，289]，进而对公司效率产生作用。

假设 2.1 描述了母子公司地理空间距离与公司效率的关系，本书的实证结果表明母子公司地理空间距离与公司效率成反向关系。也就是说，母子公司在地理空间上越分散，上市公司的效率越低。假设 2.2 描述了母子公司制度环境距离与公司效率的关系，本书的实证结果表明母子公司制度环境距离与公司效率成反向关系。也就是说，母子公司在制度环境上的差异越大，上市公司的效率越低。上述研究结果是在考虑母子公司地理空间和制度环境异质性的基础上产生的，弥补了已有学者在研究公司效率问题时，潜在假定母子公司地理空间和制度环境是匀质的研究不足。

6.3 盈余管理对公司效率的影响

1. 应计项目盈余管理对公司效率的影响

本书的假设 3.1 讨论了应计项目盈余管理与公司效率之间的关系，实证结果表明应计项目盈余管理程度越高的公司有着更高的公司效率，尚未得到应计项目盈余管理对公司效率有着不利影响的结论，也就是说假设 3.1 没有通过验证。应计项目盈余管理并不改变企业实际盈余的总额，仅是改变了企业实际盈余在不同会计期间的反映和分布。公司管理当局通过应计项目盈余管理粉饰企业经营业绩，避免企业收益出现剧烈波动，或者实现企业收益比上年度略有增长，或者达到扭亏为盈的效果等。在一定程度上，利用应计项目盈余管理避免收益大幅变动、实现收益平滑目的可以增强盈余信息的含量，对提升公司效率具有一定的促进作用。Subramanyam(1996)发现财务业绩与当期的可操控应计成正相关关系，可操控应计与未来盈余和未来现金流量也是正相关关系，说明可操控应计包含了企业未来的信息[290]；Tucker 和 Zarowin(2006)认为收益平滑并不是模糊了盈余信息，而是增加了有关未来盈余和现金流的信息，发现收益平滑程度较高的公司更富有信息含量[291]。

但是大部分研究更倾向于认为公司管理当局的应计项目盈余管理行为对当期财务业绩的提升和改善具有直接效果，但是这种效果并不是来源于企业实际的经营活动，并不能真实反映企业的经营实力和发展潜力，因此不是企业财务业绩的真实体现。在一定程度上，盈余管理行为不仅反映了企业经营状况的恶化和发展后劲的不足，而且有损于企业未来的正常发展，不利于企业未来财务业绩的提升。尤其是公司管理当局为了获得首次公开发行股票的资格，通过应计项目盈余管理使得股票发行前的会计期间财务业绩大幅改观，不仅获取了发行资格，而且提升了股票发行价格。但是在股票发行后的会计期间财务业绩则大幅下滑。Teoh，Welch 和 Wong(1998)研究了美国 IPO 公司的长期财务业绩与应计项目盈余管理的关系，发现 IPO 时期的可操控应计最高——应计项目盈余管理程度最大，在 IPO 后的三年其财务业绩则显著降低[94]；Kao，Wu 和 Yang(2009)考察了中国证券监督委员会的监管规定对 IPO 公司盈余管理行为的影响，研究发现 IPO 公司的会计盈余越高，IPO 后的财务业绩水平越差，其股票回报率也更低[30]。可以看出，公司管理当局的应计项目盈余管理行为对公司效率是否具有正面影响还是值得进一步探讨和研究的问题。

2. 实际活动盈余管理对公司效率的影响

本书提出的假设 3.2 描述了上市公司实际活动盈余管理与公司效率的关系。从实证检验结果来看，销售操控与公司效率的关系、费用操控与公司效率的关系、生产操控与公司效率的关系和总实际活动盈余管理与公司效率的关系都通过了实证检验。总体而言，实证结果表明公司管理当局的实际活动盈余管理行为降低了公司效率。具体而言，具有销售操控行为的公司有着更低的公司效率，具有费用操控行为的公司有着更低的公司效率，具有生产操控行为的公司有着更低的公司效率。这说明公司管理当局的实际活动盈余管理行为有损于企业公司效率的提升，具有严重的经济后果。实际活动盈余管理是公司管理当局人为构造企业经济业务交易事项、调整经济业务发生的时间来实现的。它背离了企业健康快速发展、保护企业利益相关者的宗旨,是公司管理当局的短期行为,不利于企业公司效率的提升和改善。销售操控刺激了消费者的消费行为、促使消费者提前消费,是以牺牲以后年度的销售收入为代价来增加本期账面收入的。一旦企业减少或取消产品价格折扣、紧缩信用条件,产品价格恢复后,企业的未来盈余将大幅减少,财务业绩水平也将大大降低。费用操控是以牺牲企业未来创新能力、员工业务素质和经济利益为代价的,最终导致企业的未来盈余和财务业绩水平降低。生产操控的后果是原材料、在产品和产成品等存货的大量积压,增加了企业未来存货减值损失的风险和存货持有成本的提高,造成企业未来获利能力的下降和财务业绩的下滑。Gunny(2005)认为实际活动盈余管理对未来经营业绩有着显著的负面影响[68]。本书的研究结论不但对 Gunny(2005)[68]提出的观点进行了验证,而且分别从销售操控、费用操控、生产操控和总实际活动盈余管理的角度,细化了公司管理当局的实际活动盈余管理行为对企业公司效率的影响。

以往文献中对母子公司距离、盈余管理和公司效率方面的理论研究十分有限,其中针对中国背景下的实证研究更为匮乏。本书的研究将母子公司地理空间距离和制度环境距离植入上市公司应计项目盈余管理和实际活动盈余管理中,并分析说明了母子公司距离对上市公司盈余管理和公司效率的影响。基于母子公司距离研究视角,揭示应计项目盈余管理、实际活动盈余管理与公司效率的关系,不仅丰富和扩展了盈余管理研究的方向和内容,而且具有较强的理论和实践意义。

6.4 研究结果的意义

1. 为投资者提高决策质量提供依据

投资者可以参考本书研究成果,进一步理解上市公司多元化战略所造成的母子公司在地理空间和制度环境的分散性和差异性,解析上市公司盈余管理动机和盈余管理方式,增强对公司管理当局盈余管理行为的甄别能力,提升财务报告的识别和分析能力。会计盈余是投资者进行决策的重要依据,也是公司管理当局实施盈余管理的主要对象,因此会计盈余的真实性和可靠性是提升投资者决策质量的基本保证。当投资者对公司管理当局的应计项目盈余管理行为、实际活动盈余管理行为及其经济后果有了理解和认识后,投资者不仅提升了决策水平,而且促进社会资本流向优良的公司,增强社会资源的合理配置能力,提高资本市场的运行效率和效果。

2. 为上市公司内部治理机制的完善提供理论支持

母子公司是多元化经营的产物,是企业发展到一定程度后出现的一种典型的、复杂的企业组织形式。不论在发达国家,还是在经济转型国家,母子公司已成为经济发展中最重要的推动主体，是发展最成熟、最具全球竞争力的一种组织制度。如何协调母子公司地理空间和制度环境的差异对公司决策的影响，如何实现母子公司的有效控制，获得协同效应和组合效益，是中国上市公司在实施多元化战略过程中无法回避的重大议题和挑战。此外，随着会计准则的修订和完善，公司管理当局利用会计准则所赋予的应计项目调整的空间越来越小，应计项目盈余管理的难度加大。同时，伴随着会计监管力度的增强，应计项目盈余管理的风险也变大了。而实际活动盈余管理不受时间的限制，不会违反会计准则的相关规定，摆脱了审计师的监督和会计准则的束缚，公司管理当局更有可能从传统的应计项目盈余管理转向实际活动盈余管理。所以我国上市公司在实施多元化战略和应对盈余管理问题时，需要完善我国上市公司内部治理机制，优化股权结构，建立以法人股为主体的多元化的股本结构，健全独立董事制度，提高董事会行使职权的透明度等。

3. 为我国会计准则的修订和完善提供方向

本书的研究结果表明上市公司管理当局可以通过应计项目和实际活动实施盈余管理行为，这为会计准则制定者提供了直接的证据，帮助会计准则制定者判断现行准则能否有效规避和披露公司管理当局的盈余管理行为，是否有利于会计信息使用者识别和使用信息，恰当评价会计准则的实施效果等。应计项目盈余管理是公司管理当局通过会计准则所保留的会计政策选择空间来实现的。实际活动盈余管理是公司管理当局通过构造经济业务交易事项或者调整业务交易的发生时间，进而调节盈余的行为。以往的会计准则在制定时往往关注会计政策选择空间大小的确定问题，对应计项目盈余管理具有一定的针对性，因此会计准则部门需要考虑实际活动盈余管理的问题。

4. 为监管部门制定监管政策、完善外部治理环境提供依据

本书的研究结果表明母子公司在地理空间和制度环境方面的分散性和差异性以及公司管理当局的实际活动盈余管理行为对公司效率具有较大的负面影响，严重侵害了投资者的利益。因此为了规范公司管理当局的多元化决策和盈余管理行为，有关监管部门需要对上市公司的多元化战略和盈余管理行为给予必要的监督和管理举措。同时，各级政府和相关部门应积极消除地区发展不平衡，实现经济公平、稳定发展的制度环境。此外，公司管理当局的盈余管理行为降低了财务信息的可靠性，造成财务报告不能客观、公允地反映企业的财务状况和经营业绩，不利于会计信息使用者运用相关信息。因此监管部门需要深入了解公司管理当局进行盈余管理的方式以及所带来的后果，有目的、有针对性地制定相关政策、提高监管效果。本书的研究结果对监管部门制定监管政策和改善外部治理环境具有一定的借鉴意义。

第 7 章

结论和展望

前面六章对母子公司距离、盈余管理和公司效率的问题进行了研究和回答。本章将对前面的研究工作做出总结，归纳和阐明本研究的主要结论和创新点，在此基础上对本书的研究局限性和未来研究方向进行说明。

7.1 主要研究结论

本书主要研究目的在于分析母子公司距离与盈余管理的关系，揭示母子公司距离和盈余管理对公司效率的影响。在我国上市公司多元化战略实施的背景下，本书在借鉴盈余管理研究成果的基础上，提供了一个母子公司距离、盈余管理和公司效率之间关系的理论和实证研究。这不仅对细化和丰富母子公司地理空间和制度环境的研究框架，拓展盈余管理的研究内容和方向具有一定的理论意义，而且对政府监管部门、企业所有者、债权人和潜在的投资者等具有一定的实践指导意义。

根据上述研究目的，本书首先对现有的公司距离研究、盈余管理研究和公司效率研究进行了回顾和梳理，并提出已有研究的不足及获取的有关研究启示；其次，通过对相关理论的归纳和分析，提炼出了母子公司距离、盈余管理和公司效率的关系模型；最后，运用描述性统计分析、相关性分析和多元线性回归分析等统计分析方法对提出的 3 个主假设和 6 个子假设进行检验，验证了基于母子公司距离与盈余管理的关系及其对公司效率的影响。现将本书的主要结论归纳如下：

(1)母子公司距离是上市公司盈余管理的重要影响因素，二者呈现显著的正向关系。在考虑了实际活动盈余管理对应计项目盈余管理计量影响的基础上，母子公司地理空间距离和制度环境距离越大，上市公司应计项目盈余管理程度越高；母子公司地理空间距离和制度环境距离越大，上市公司实际活动盈余管理程度越高，即销售操控、费用操控和生产操控程度越高。

(2)母子公司距离对上市公司的公司效率产生显著的负向影响。母子公司地理空间距离越大，上市公司的公司效率越低；母子公司制度环境距离越大，上市公司的公司效率也越低。

(3)上市公司的应计项目盈余管理行为提升了公司效率，没有得到应计项目盈余管理行为降低了公司效率的证据；上市公司的实际活动盈余管理行为降低了公司效率，说明实际活动盈余管理行为具有严重的经济后果。

整体而言，本研究基本达到了预期的研究目的，完成了预期的研究任务。本书的实证结果表明，在3项假设和6项子假设中，有2项假设和5项子假设得到了充分的验证、1项假设得到了部分验证和1项子假设没有获得验证，说明我们提出的模型总体上得到了验证。本书不仅为已有的相关研究观点提供了实证支持，而且提出了一些新的观点和见解。因此本书不仅对现有的母子公司距离和盈余管理研究具有深化和扩展的作用，而且其研究结论对上市公司的利益相关者具有一定的指导意义。此外，我国新会计准则的实施，在一定程度上制约了应计项目操控行为，实际活动操控则有增加的趋势。由于实际活动操控是经理人员有意采用非最优的经济活动来实现的，更具隐蔽性，很难从会计准则层面加以监管，更多的是从公司治理层面规范和约束。同时，在上市公司多元化战略实施的过程中，需要考虑地域多元化对公司会计信息质量的影响，更需要关注公司治理的治理效应。因此进一步完善公司治理结构、提升公司治理水平则尤为重要。

7.2 主要创新点

与现有研究文献相比，本书的创新之处主要体现在以下几个方面：

1.构建母子公司距离、盈余管理与公司效率的关系模型

上市公司盈余管理和公司效率研究一直是理论界所关注的重要问题，但是已有的研究往往以公司特征、高管异质性和公司内部治理机制为研究切入点，基于企业集团层面探讨盈余管理及其经济后果问题，较少从经济地理学和制度经济学的角度分析母子公司在地理空间和制度环境上的差异对上市公司盈余管理的影响。本研究通过构建母子公司距离、盈余管理与公司效率的关系模型，系统研究母子公司地理空间距离、制度环境距离对盈余管理和公司效率的影响，分别从应计项目盈余管理和实际活动盈余管理反映盈余管理的内容，揭示母子公司距离和盈余管理对公司效率的影响。在一定程度上，本研究丰富和拓宽了相关研究的内容和方向，有利于地理经济学和制度经济学的研究视角由宏观经济层面向微观企业层面转变，有利于盈余管理研究内容的深化和拓展，有利于经济后果的研究范围向投入产出效率过渡。

2.发现并验证母子公司距离对盈余管理和公司效率的影响

距离既是地理学的一个分支学科，也是经济学中一个不断成长的研究领域。

已有的距离研究主要侧重于区域技术创新和产业集群创新等宏观经济层面的内容，对微观企业层面的研究较为匮乏。本研究基于地理空间和制度环境两个维度解析距离，将经济地理学和制度经济学向微观企业层面扩展，探讨母子公司距离对盈余管理和公司效率的作用机理，揭示母子公司距离与盈余管理、公司效率的逻辑关系，并以中国上市公司为研究对象，获得母子公司距离对上市公司决策行为产生影响的经验证据，为多元化溢价或多元化折价提供新的佐证。本研究不仅有利于增加盈余管理和公司效率影响因素的范畴，而且有利于距离的研究向微观企业层面拓展，丰富公司地理学的研究内容。

3. 扩充盈余管理的识别范围、提升度量准确性

已有的文献往往侧重于应计项目盈余管理，忽视了实际活动盈余管理的内容。本研究将实际活动盈余管理纳入盈余管理的研究范围，基于应计项目盈余管理和实际活动盈余管理的双维度视角，度量上市公司盈余管理；在度量应计项目盈余管理程度时，已有研究通常是以经营活动现金流量不会被操纵的假定为基础的，完全忽略了实际活动盈余管理对经营活动现金流量产生的影响，使得应计项目盈余管理的计量基础发生了动摇。本研究对应计利润分离法的基本思想和原理进行追根溯源，考虑实际活动盈余管理对经营活动现金流量所产生的影响，构建数理模型，提升应计项目盈余管理的度量精度。本研究不仅有助于弥补会计盈余质量识别维度单一化的研究不足，而且有利于完善应计项目盈余管理测度模型，提升盈余管理识别的全面性和度量的准确性。

4. 拓展盈余管理经济后果的研究维度

已有的盈余管理经济后果的研究往往侧重于从财务管理学的角度揭示盈余管理对融资效率、投资效率和经营效率的影响，较少涉及经济学层面投入产出效率的内容，使得盈余管理经济后果的研究维度具有明显的狭隘性。本研究基于管理学和经济学的交叉和融合，从投入产出效率反映公司效率的内容，探讨不同的盈余管理方式对公司效率产生的作用，回答在投入产出效率背景下盈余管理对公司效率是否存在影响。本研究以期为财务报告质量经济后果的研究提供新的维度和素材。

7.3 局限性与未来展望

尽管本研究达到了预期的研究目标，并且获得了一些重要的研究结果，但是受到一些主客观因素的限制和影响，本研究仍存在局限性。总结和分析这些局限性有利于我们今后进一步深入探索会计弹性与盈余管理领域的相关问题。

第一，本研究是以我国A股市场的上市公司为研究对象，揭示母子公司距离、

盈余管理和公司效率之间的关系，并得出了相关研究结论。通常而言，上市公司的盈余管理方向不同于非上市公司的盈余管理方向，上市公司出于资本市场动机、契约动机和监管动机更倾向于调增盈余，而非上市公司出于税收规避动机则倾向于调减盈余。由于本书的研究结论是以上市公司为研究对象得出的，因此在非上市公司情形下母子公司距离、盈余管理和公司效率之间呈现何种关系，有待我们进一步探讨和研究。

第二，虽然本研究借鉴了常用的衡量方式从销售操控、费用操控和生产操控来度量实际活动盈余管理行为，但是尚未考虑其他实际活动盈余管理行为，例如资产出售、股票回购等。资产出售是公司管理当局适时性地处置长期资产和投资来增加收入，增加盈余；股票回购是公司管理当局适时性地减少流通在外的股票数额，提高每股盈余。上述两种行为也是通过构造经济业务交易事项或者调整业务交易的发生时间来完成的，属于实际活动盈余管理的范畴。但是鉴于上市公司的资产出售和股票回购行为往往是个案、普遍性不强，本书没有对其进行研究。笔者期待在今后的研究当中考虑上市公司管理当局的资产出售和股票回购行为。

第三，本研究在度量销售操控程度时，是以经营活动现金流量产生流程为基础的，构建了经营活动现金流量估计模型，不仅提高了模型的解释能力，而且在一定程度上弥补了已有研究因忽略固定成本而对经营活动现金流量估算结果有偏的不足。但是本书未能彻底弥补上述缺陷，原因是在估算销售成本时，对固定销售成本的考虑仍有不周。同时为了简化问题，本书假定应收账款和应付账款的回收期均是一年，这虽然符合理论概念，但与企业的现实情况并不完全相符。因此，在未来的研究中需要克服上述度量不足，进一步提升度量精确性。

附 录

一、年度样本列式(1999年)

证券代码	证券代码	证券代码	证券代码	证券代码	证券代码
000002	000595	000792	600068	600275	600737
000004	000597	000793	600069	600280	600738
000005	000598	000795	600070	600282	600739
000006	000599	000796	600071	600285	600740
000007	000600	000797	600072	600286	600741
000008	000601	000798	600073	600287	600742
000009	000602	000799	600074	600292	600743
000010	000603	000800	600075	600293	600744
000014	000605	000801	600076	600296	600745
000021	000606	000802	600077	600300	600746
000023	000607	000803	600078	600302	600747
000027	000608	000805	600079	600307	600748
000031	000609	000806	600080	600308	600749
000032	000610	000807	600081	600315	600750
000033	000611	000809	600082	600318	600752
000034	000612	000810	600083	600319	600753
000035	000615	000811	600084	600323	600755
000036	000616	000812	600085	600328	600756
000038	000617	000813	600086	600332	600757

续表

证券代码	证券代码	证券代码	证券代码	证券代码	证券代码
000039	000618	000815	600088	600345	600758
000040	000619	000816	600089	600356	600759
000042	000620	000818	600090	600359	600760
000043	000621	000819	600091	600369	600761
000046	000622	000820	600092	600383	600762
000047	000623	000821	600093	600388	600763
000048	000626	000822	600095	600390	600764
000049	000627	000823	600096	600393	600765
000050	000628	000825	600097	600399	600766
000059	000629	000826	600098	600422	600767
000060	000630	000827	600099	600466	600768
000061	000631	000828	600100	600518	600769
000062	000632	000829	600101	600600	600770
000063	000633	000830	600102	600601	600771
000065	000635	000831	600103	600603	600772
000066	000636	000832	600104	600605	600773
000068	000637	000833	600105	600606	600774
000069	000638	000835	600106	600607	600775
000078	000639	000836	600107	600608	600777
000088	000650	000837	600108	600609	600778
000089	000651	000838	600109	600615	600779
000090	000652	000839	600110	600616	600780
000156	000653	000848	600111	600620	600781
000158	000655	000850	600112	600621	600782
000400	000656	000851	600113	600622	600783
000401	000657	000852	600115	600624	600784
000402	000658	000856	600116	600626	600785
000403	000659	000858	600117	600627	600786
000404	000660	000859	600118	600628	600787
000405	000661	000860	600119	600629	600788

续表

证券代码	证券代码	证券代码	证券代码	证券代码	证券代码
000406	000662	000861	600120	600630	600789
000407	000663	000862	600121	600631	600790
000408	000665	000863	600122	600632	600791
000409	000666	000866	600123	600633	600792
000410	000667	000868	600125	600634	600793
000411	000668	000876	600126	600635	600794
000412	000669	000877	600127	600636	600796
000415	000670	000878	600128	600637	600797
000416	000671	000880	600129	600638	600798
000417	000672	000881	600131	600640	600799
000419	000673	000882	600132	600641	600800
000420	000675	000883	600133	600642	600802
000421	000676	000885	600135	600644	600803
000422	000677	000886	600136	600645	600804
000423	000678	000887	600137	600646	600805
000425	000679	000888	600138	600647	600806
000426	000680	000889	600139	600649	600807
000428	000681	000890	600141	600651	600808
000430	000682	000892	600145	600652	600809
000498	000683	000893	600146	600653	600810
000501	000685	000895	600148	600654	600811
000502	000686	000897	600149	600655	600812
000503	000687	000898	600150	600656	600813
000504	000688	000899	600151	600657	600814
000506	000689	000900	600152	600658	600815
000507	000690	000901	600153	600659	600817
000509	000691	000902	600155	600660	600820
000510	000692	000903	600156	600661	600821
000511	000693	000905	600157	600662	600823
000513	000695	000906	600158	600664	600824

续表

证券代码	证券代码	证券代码	证券代码	证券代码	证券代码
000514	000697	000908	600159	600665	600825
000515	000698	000909	600160	600666	600826
000516	000699	000910	600161	600667	600828
000517	000700	000911	600162	600668	600829
000518	000701	000912	600163	600669	600830
000519	000702	000913	600165	600670	600831
000520	000703	000915	600166	600671	600832
000522	000705	000917	600167	600672	600833
000523	000707	000918	600168	600673	600834
000524	000708	000919	600169	600674	600836
000525	000709	000920	600170	600675	600837
000526	000710	000921	600171	600676	600838
000527	000711	000922	600172	600677	600839
000528	000712	000923	600173	600678	600840
000529	000713	000925	600175	600681	600842
000531	000715	000926	600176	600682	600846
000532	000716	000927	600177	600683	600847
000533	000717	000928	600178	600684	600849
000534	000718	000929	600179	600685	600850
000535	000719	000930	600180	600686	600852
000536	000720	000931	600181	600687	600853
000537	000721	000932	600182	600688	600854
000538	000722	000933	600183	600690	600855
000540	000723	000935	600185	600691	600856
000542	000727	000936	600186	600692	600857
000543	000729	000937	600187	600693	600858
000544	000730	000938	600188	600694	600859
000545	000731	000939	600189	600696	600860
000546	000732	000948	600191	600697	600861
000547	000733	000949	600192	600699	600862

续表

证券代码	证券代码	证券代码	证券代码	证券代码	证券代码
000548	000735	000950	600193	600700	600864
000549	000736	000951	600195	600701	600865
000551	000737	000952	600196	600702	600866
000552	000738	000953	600197	600703	600867
000554	000739	000955	600198	600704	600868
000555	000748	000958	600199	600705	600869
000556	000750	000959	600200	600706	600870
000557	000751	000968	600201	600707	600871
000558	000752	000969	600202	600708	600872
000559	000753	000979	600203	600709	600873
000560	000755	000981	600205	600710	600874
000561	000756	000996	600206	600711	600875
000564	000757	000997	600207	600712	600876
000565	000758	600001	600208	600713	600877
000566	000759	600002	600209	600714	600878
000567	000760	600003	600210	600715	600879
000568	000762	600005	600211	600716	600880
000569	000763	600006	600212	600717	600881
000571	000765	600007	600213	600718	600882
000572	000766	600009	600215	600719	600883
000573	000768	600051	600216	600720	600884
000576	000769	600052	600217	600721	600885
000578	000776	600053	600218	600722	600886
000582	000777	600055	600219	600723	600887
000583	000778	600056	600220	600724	600888
000584	000779	600057	600222	600725	600889
000585	000780	600058	600226	600727	600890
000586	000782	600059	600228	600728	600891
000587	000783	600060	600233	600729	600892
000588	000785	600061	600238	600730	600893

续表

证券代码	证券代码	证券代码	证券代码	证券代码	证券代码
000589	000786	600062	600239	600731	600894
000590	000787	600063	600242	600732	600895
000591	000788	600064	600266	600733	600896
000592	000789	600065	600268	600734	600897
000593	000790	600066	600269	600735	600898
000594	000791	600067	600270	600736	600899

二、年度样本列式(2014 年)

证券代码	证券代码	证券代码	证券代码	证券代码	证券代码
000002	000713	600048	600310	600601	600890
000004	000715	600050	600311	600603	600891
000005	000716	600051	600312	600605	600892
000006	000717	600052	600313	600606	600893
000007	000718	600053	600315	600608	600894
000008	000719	600055	600316	600609	600895
000009	000720	600056	600317	600615	600896
000010	000721	600057	600318	600616	600897
000014	000722	600058	600319	600620	600898
000021	000723	600059	600321	600621	600900
000023	000727	600060	600322	600622	600917
000027	000728	600061	600323	600624	600960
000031	000729	600062	600325	600626	600961
000032	000731	600063	600326	600628	600962
000033	000732	600064	600327	600629	600963
000034	000733	600066	600328	600630	600965
000035	000735	600067	600329	600633	600966
000036	000736	600068	600330	600634	600967
000038	000737	600069	600331	600635	600969
000040	000738	600070	600332	600636	600970

续表

证券代码	证券代码	证券代码	证券代码	证券代码	证券代码
000042	000739	600071	600333	600637	600971
000043	000748	600072	600335	600638	600973
000046	000750	600073	600336	600640	600975
000048	000751	600074	600337	600641	600976
000049	000752	600075	600338	600642	600978
000050	000753	600076	600339	600644	600979
000059	000755	600077	600340	600645	600980
000060	000756	600078	600343	600647	600981
000061	000757	600079	600345	600649	600982
000062	000758	600080	600346	600651	600983
000063	000759	600081	600348	600652	600984
000065	000760	600082	600350	600653	600985
000066	000762	600083	600351	600654	600986
000068	000766	600084	600352	600655	600987
000069	000767	600085	600353	600656	600988
000070	000768	600086	600354	600657	600990
000078	000776	600088	600355	600658	600992
000088	000777	600089	600356	600660	600993
000089	000778	600090	600358	600661	600995
000090	000779	600091	600359	600662	600997
000096	000780	600093	600360	600664	600998
000099	000782	600095	600361	600665	601000
000100	000783	600096	600362	600666	601001
000150	000785	600097	600363	600667	601002
000151	000786	600098	600365	600668	601003
000153	000788	600099	600366	600671	601005
000155	000789	600100	600367	600673	601006
000156	000790	600101	600368	600674	601007
000157	000791	600103	600369	600675	601008
000158	000792	600104	600370	600676	601010

续表

证券代码	证券代码	证券代码	证券代码	证券代码	证券代码
000159	000793	600105	600371	600677	601011
000166	000795	600106	600372	600678	601012
000301	000796	600107	600373	600681	601015
000333	000797	600108	600375	600682	601016
000338	000798	600109	600376	600683	601018
000400	000799	600110	600377	600684	601021
000401	000800	600111	600378	600685	601028
000402	000801	600112	600379	600686	601038
000403	000802	600113	600380	600687	601058
000404	000803	600114	600381	600688	601069
000407	000806	600115	600382	600690	601088
000408	000807	600116	600383	600691	601098
000409	000809	600117	600385	600692	601100
000410	000810	600118	600386	600693	601101
000411	000811	600119	600387	600694	601106
000415	000812	600120	600388	600696	601107
000416	000813	600121	600389	600697	601111
000417	000815	600122	600390	600699	601113
000419	000816	600123	600391	600701	601116
000420	000818	600125	600392	600702	601117
000421	000819	600126	600393	600703	601118
000422	000820	600127	600395	600704	601126
000423	000821	600128	600396	600705	601137
000425	000822	600129	600397	600706	601139
000426	000823	600130	600398	600707	601158
000428	000825	600131	600399	600708	601168
000430	000826	600132	600400	600710	601177
000498	000828	600133	600401	600711	601179
000501	000829	600135	600403	600712	601186
000502	000830	600136	600405	600713	601188

续表

证券代码	证券代码	证券代码	证券代码	证券代码	证券代码
000504	000831	600137	600406	600714	601199
000506	000833	600138	600408	600715	601208
000507	000835	600139	600409	600716	601216
000509	000836	600141	600415	600717	601218
000510	000837	600143	600416	600718	601222
000511	000838	600145	600418	600719	601225
000513	000839	600146	600420	600720	601226
000514	000848	600148	600421	600721	601231
000516	000850	600149	600422	600722	601233
000517	000851	600150	600423	600723	601238
000518	000852	600151	600425	600724	601258
000519	000856	600152	600426	600725	601268
000520	000858	600153	600428	600727	601299
000523	000859	600155	600429	600729	601311
000524	000860	600156	600432	600730	601313
000525	000861	600157	600433	600731	601333
000526	000862	600158	600435	600732	601339
000528	000863	600159	600436	600733	601369
000529	000868	600160	600438	600734	601388
000531	000875	600161	600439	600735	601390
000532	000876	600162	600444	600736	601515
000533	000877	600163	600448	600737	601518
000534	000878	600165	600449	600738	601558
000536	000880	600166	600452	600739	601566
000537	000881	600167	600455	600740	601567
000538	000882	600168	600456	600741	601579
000540	000883	600169	600458	600742	601588
000543	000885	600170	600459	600743	601599
000544	000886	600171	600460	600744	601600
000545	000887	600172	600461	600745	601607

续表

证券代码	证券代码	证券代码	证券代码	证券代码	证券代码
000546	000888	600173	600462	600746	601608
000547	000889	600175	600463	600747	601616
000548	000890	600176	600466	600748	601618
000551	000892	600177	600467	600749	601633
000552	000893	600178	600468	600750	601636
000554	000895	600179	600469	600753	601666
000557	000897	600180	600470	600755	601668
000558	000898	600182	600475	600756	601669
000559	000899	600183	600476	600757	601677
000560	000900	600184	600477	600758	601678
000561	000901	600185	600478	600759	601699
000564	000902	600186	600479	600760	601700
000565	000903	600187	600480	600761	601717
000566	000905	600188	600481	600763	601718
000567	000906	600189	600482	600764	601727
000568	000908	600191	600483	600765	601766
000571	000909	600192	600485	600766	601777
000572	000910	600193	600486	600767	601789
000573	000911	600195	600487	600768	601798
000576	000912	600196	600488	600769	601799
000582	000913	600197	600489	600771	601800
000584	000915	600198	600490	600773	601801
000585	000916	600199	600491	600774	601808
000586	000917	600200	600493	600775	601857
000587	000918	600201	600495	600777	601866
000589	000919	600202	600496	600778	601872
000590	000920	600203	600497	600779	601877
000591	000921	600206	600498	600780	601880
000592	000922	600207	600499	600781	601886
000593	000923	600208	600500	600782	601888

续表

证券代码	证券代码	证券代码	证券代码	证券代码	证券代码
000594	000925	600209	600501	600783	601890
000595	000926	600210	600502	600784	601898
000597	000927	600211	600503	600785	601899
000598	000928	600212	600505	600787	601908
000599	000929	600213	600506	600789	601918
000600	000930	600215	600507	600790	601919
000601	000931	600216	600508	600791	601928
000603	000932	600217	600509	600792	601929
000605	000933	600218	600510	600793	601933
000606	000935	600219	600511	600794	601958
000607	000936	600220	600512	600795	601965
000608	000937	600222	600513	600796	601969
000609	000938	600223	600515	600797	601989
000610	000939	600225	600516	600798	601991
000611	000948	600226	600517	600800	601992
000612	000949	600227	600518	600802	601996
000615	000950	600228	600519	600803	601999
000616	000951	600229	600520	600805	603000
000617	000952	600230	600521	600806	603001
000619	000953	600231	600522	600807	603002
000620	000955	600232	600523	600808	603003
000622	000957	600233	600525	600809	603005
000623	000958	600234	600526	600810	603006
000626	000959	600235	600527	600811	603008
000627	000960	600236	600528	600812	603009
000628	000961	600237	600529	600814	603010
000629	000962	600238	600530	600815	603012
000630	000963	600239	600531	600817	603017
000631	000965	600240	600532	600820	603018
000632	000966	600241	600533	600821	603019

续表

证券代码	证券代码	证券代码	证券代码	证券代码	证券代码
000633	000967	600242	600535	600823	603020
000635	000968	600243	600536	600824	603077
000636	000969	600246	600537	600825	603099
000637	000970	600247	600538	600826	603100
000638	000971	600248	600539	600828	603111
000639	000972	600249	600540	600829	603123
000650	000973	600250	600543	600830	603126
000651	000975	600251	600545	600831	603128
000652	000976	600252	600546	600832	603166
000655	000977	600255	600547	600833	603167
000656	000978	600256	600548	600834	603168
000657	000979	600257	600549	600836	603169
000659	000980	600258	600550	600837	603188
000661	000981	600259	600551	600838	603199
000662	000982	600260	600552	600839	603222
000663	000983	600261	600556	600846	603288
000665	000985	600262	600557	600847	603308
000666	000987	600265	600558	600850	603328
000667	000988	600266	600559	600853	603333
000668	000989	600267	600560	600854	603366
000669	000990	600268	600561	600855	603368
000670	000993	600269	600562	600856	603369
000671	000995	600270	600563	600857	603399
000672	000996	600271	600565	600858	603456
000673	000998	600273	600566	600859	603518
000676	000999	600275	600567	600860	603555
000677	001696	600276	600568	600861	603558
000678	001896	600277	600569	600862	603588
000679	600004	600278	600572	600863	603600
000680	600005	600279	600573	600864	603601

续表

证券代码	证券代码	证券代码	证券代码	证券代码	证券代码
000681	600006	600280	600575	600865	603606
000682	600007	600281	600576	600866	603609
000683	600008	600282	600577	600867	603611
000685	600009	600283	600578	600868	603678
000686	600010	600284	600579	600869	603686
000687	600011	600285	600580	600870	603688
000688	600012	600287	600581	600871	603698
000690	600017	600288	600582	600872	603699
000691	600018	600290	600583	600873	603766
000692	600019	600291	600584	600874	603788
000693	600020	600292	600585	600875	603799
000695	600021	600293	600586	600876	603806
000698	600022	600297	600587	600877	603828
000700	600023	600298	600589	600879	603889
000701	600026	600299	600590	600880	603899
000702	600027	600300	600592	600881	603969
000703	600028	600301	600593	600882	603993
000705	600029	600302	600594	600883	603997
000707	600031	600303	600595	600884	603998
000708	600033	600305	600596	600885	
000709	600035	600306	600597	600886	
000710	600037	600307	600598	600887	
000711	600038	600308	600599	600888	
000712	600039	600309	600600	600889	

参考文献

[1]LEVITT A. The Importance of High Quality Accounting Standards[J]. Accounting Horizons, 1998, 12 (3): 79-82.

[2]于左. 企业集团规制政策:德隆危机的反思[J]. 中国工业经济, 2004, (11): 83-90.

[3]李刚, 刘浩, 徐华新, 等. 原则导向、隐性知识与会计准则的有效执行——从会计信息生产者的角度[J]. 会计研究, 2011(6): 17-24.

[4]KANG J K, KIM J M. The Geography of Block Acquisitions[J]. The Journal of Finance, 2008, 63 (6): 2817-2858.

[5]CHEN D, LI J, LIANG S, et al. Macroeconomic control, political costs and earnings management: Evidence from Chinese listed real estate companies[J]. China Journal of Accounting Research, 2011, 4 (3): 91-106.

[6]JOHN K, KNYAZEVA A, KNYAZEVA D. Does geography matter? Firm location and corporate payout policy[J]. Journal of Financial Economics, 2011, 101 (3): 533-551.

[7]GHOUL S E, GUEDHAMI O, NI Y, et al. Does Information Asymmetry Matter to Equity Pricing? Evidence from Firms' Geographic Location[J]. Contemporary Accounting Research, 2013, 30 (1): 140-181.

[8]TORRE A, RALLET A. Proximity and localization[J]. Regional Studies, 2005, 39 (1): 47-59.

[9]CHENG L T W, LEUNG T Y. Government protection, political connection and management turnover in China[J]. International Review of Economics & Finance, 2016(45): 160-176.

[10]MUTTAKIN M B, MONEM R M, KHAN A, et al. Family firms, firm performance and political connections: Evidence from Bangladesh[J]. Journal of Contemporary Accounting & Economics, 2015, 11 (3): 214-230.

[11]LIU Q, LUO J, TIAN G G. Managerial professional connections versus political connections: Evidence from firms' access to informal financing resources[J]. Journal of Corporate Finance, 2016(41): 179-200.

[12]AN Z, LI D, YU J. Earnings management, capital structure, and the role of institutional environments[J]. Journal of Banking & Finance, 2016(68): 131-152.

[13]ALVES P, FRANCISCO P. The impact of institutional environment on the capital structure of firms during recent financial crises[J]. The Quarterly Review of Economics and Finance, 2015(57): 129-146.

[14]BEN R A, BOUGHRARA A. Financial liberalization and stock markets efficiency: New evidence from emerging economies[J]. Emerging Markets Review, 2013(17): 186-208.

[15]BALMACEDA F, FISCHER R D, RAMIREZ F. Financial liberalization, market structure and credit penetration[J]. Journal of Financial Intermediation, 2014, 23 (1): 47-75.

[16]O' BRIEN P C, Tan H. Geographic proximity and analyst coverage decisions: Evidence from IPOs[J]. Journal of Accounting and Economics, 2015, 59 (1): 41-59.

[17]Lu V N, PLEWA C, HO J. Managing governmental business relationships: The impact of organisational culture difference and compatibility[J]. Australasian Marketing Journal (AMJ), 2016, 24 (1): 93-100.

[18]YILDIZ H E. Not all differences are the same: Dual roles of status and cultural distance in sociocultural integration in cross-border M&As[J]. Journal of International Management, 2014, 20 (1): 24-37.

[19]NAMBISAN S. Industry technical committees, technological distance, and innovation performance[J]. Research Policy, 2013, 42 (4): 928-940.

[20]NICOLE V S, SICK N, LEKER J. How to measure technological distance in collaborations — The case of electric mobility[J]. Technological Forecasting and Social Change, 2015(97): 154-167.

[21]SCHIPPER K. Commentary on Earnings Management[J]. Accounting Horizons, 1989, 3 (4): 91-102.

[22]HEALY P M, WAHLEN J M. A Review of The Earnings Management Literature and Its Implications for Standard Setting[J]. Accounting Horizons, 1999, 13 (4): 364-383.

[23]STLOWY H, BRETON G. Accounts Manipulation: A Literature Review and Proposed Conceptual Framework[J]. Review of Accounting & Finance, 2004, 3 (1): 4-66.

[24]JIANG J. Beating Earnings Benchmarks and the Cost of Debt[J]. The Ac-

counting Review, 2008, 83 (2): 377-416.

[25]NAGATA K. Does earnings management lead to favorable IPO price formation or further underpricing evidence from Japan[J]. Journal of Multinational Financial Management, 2013, 23 (4): 301-313.

[26]KALGO S H, NORDIN B A A, NAHAR H S, et al. Earnings Quality of Malaysian IPO Firms: The Effect of Share Moratorium Provision and Institutional Ownership[J]. Procedia Economics and Finance, 2016(35): 107-116.

[27]MCGUINNESS P B. Voluntary profit forecast disclosures, IPO pricing revisions and after-market earnings drift[J]. International Review of Financial Analysis, 2016(46): 70-83.

[28]CHANEY P K, LEWIS C M. Earnings Management and Firm Valuation under Asymmetric Information[J]. Journal of Corporate Finance, 1995, 1 (3-4): 319-345.

[29]CHI J, GUPTA M. Overvaluation and Earnings Management[J]. Journal of Banking & Finance, 2009, 33 (9): 1652-1663.

[30]KAO J L, WU D, YANG Z. Regulations, earnings management, and post-IPO performance: The Chinese evidence[J]. Journal of Banking & Finance, 2009, 33 (1): 63-76.

[31]BARTOV E, GIVOLY D, HAYN C. The Rewards to Meeting or Beating Earnings Expectations[J]. Journal of Accounting and Economics, 2002, 33 (3): 173-204.

[32]MATSUNAGA S R, PARK C W. The Effect of Missing a Quarterly Earnings Benchmark on the CEO's Annual Bonus[J]. The Accounting Review, 2001, 76 (3): 313-332.

[33]HEALY P. The Effect of Bonus Schemes on Accounting Decisions[J]. Journal of Accounting and Economics, 1985, 7 (1-3): 84-107.

[34]GUIDRY F, LEONE A J, ROCK S. Earnings-based Bonus Plans and Earnings Management by Business-unit Managers[J]. Journal of Accounting and Economics, 1999, 26 (1-3): 113-142.

[35]SHUTO A. Executive Compensation and Earnings Management: Empirical Evidence from Japan[J]. Journal of International Accounting, Auditing and Taxation, 2007, 16 (1-26): 1-26.

[36]LIU Q, SUN B. Managerial compensation under privately-observed hedging and earnings management[J]. Economics Letters, 2015(137): 1-4.

[37]DUONG L, EVANS J. Gender differences in compensation and earnings

management: Evidence from Australian CFOs[J]. Pacific-Basin Finance Journal, 2016, 40, Part A: 17-35.

[38]WATTS R L, ZIMMERMAN J L. Positive Accounting Theory[M]. Prentice-Hall Inc, 1986.

[39]HEALY P M, PALEPU K G. Effectiveness of Accounting-based Dividend Covenants[J]. Journal of Accounting and Economics, 1990, 12 (1-3): 97-123.

[40]RASHID N M N N M, NOOR R M, MATSUKI N, et al. The Longitudinal Study of Earnings Management: Analysis on Companies Financial Abilities [J]. Procedia Economics and Finance, 2016(35): 136-145.

[41]MOYER S E. Capital Adequacy Ratio Regulations and Accounting Choices in Commercial Banks[J]. Journal of Accounting and Economics, 1990, 13 (2): 123-154.

[42]GILL-DE-ALBORNOZ B, ILLUECA M. Earnings management under price regulation: Empirical evidence from the Spanish electricity industry[J]. Energy Economics, 2005, 27 (2): 279-304.

[43]OMONUK J B. Rate Regulation and Earnings Management: Evidence from the U.S. Electric Utility Industry[D]. Baton Rouge: Louisiana State University, 2007.

[44]CASEY R J, KAPLAN S E, Pinello A S. Do auditors constrain benchmark beating behavior to a greater extent in the fourth versus interim quarters? [J]. Advances in Accounting, 2015, 31 (1): 1-10.

[45]陆建桥. 中国亏损上市公司盈余管理实证研究[J]. 会计研究, 1999(9): 24-35.

[46]蒋义宏. 会计信息失真的现状、成因与对策研究——上市公司利润操纵实证研究[M]. 北京: 中国财政经济出版社, 2002.

[47]吴联生, 薄仙慧, 王亚平. 避免亏损的盈余管理程度:上市公司与非上市公司的比较[J]. 会计研究, 2007 (2): 44-51.

[48]刘烨, 吕长江. 公司IPO盈余管理路径研究——以贵人鸟为例[J]. 南开管理评论, 2015, (06): 81-89.

[49]张子健, 王伟, 张雪华. 审计师选择与IPO公司盈余稳健性[J]. 财经理论与实践, 2015, (04): 94-100.

[50]方军雄. 股权分置改革与IPO前后盈余管理行为研究[J]. 证券市场导报, 2016(02): 28-37.

[51]SWEENEY A P. Debt-covenant Violations and Managers' Accounting Responses [J]. Journal of Accounting and Economics, 1994, 17 (3): 281-308.

[52]KEATING A S, ZIMMERMAN J L. Depreciation Policy Changes: Tax, Earnings Management, and Investment Opportunity Incentives[Z]. 1999.

[53]PHILLIPS J, PINCUS M, REGO S O. Earnings Management: New Evidence Based on Deferred Tax Expense[J]. The Accounting Review, 2003, 78 (2): 491 - 521.

[54]DHALIWAL D S, GLEASON C A, MILLS L F. Last Chance Earnings Management: Using the Tax Expense to Achieve Earnings Targets[J]. SSRN Electronic Journal,2002,21(2):431 - 459.

[55]XUE S, HONG Y. Earnings management, corporate governance and expense stickiness[J]. China Journal of Accounting Research, 2016, 9 (1): 41 - 58.

[56]HUNT A, MOYER S E, SHEVLIN T. Managing Interacting Accounting Measures to Meet Multiple Objectives: A Study of LIFO Firms[J]. Journal of Accounting and Economics, 1996, 21 (3): 339 - 374.

[57]KINNEY M, WEMPE W F. JIT Adoption: The Effects of Inventory Valuation Method, LIFO Reserves, and Financial Reporting and Tax Incentives [J]. Contemporary Accounting Research, 2001, 21 (3): 603 - 638.

[58]HSIEH W T, Wu T Z. Determinants and Effects of Assets Impairment Decision in Taiwan[J]. Taiwan Accounting Review, 2006(6): 54 - 95.

[59]DUH R R, LEE W C, LIN C C. Reversing an Impairment Loss and Earnings Management: The Role of Corporate Governance[J]. The International Journal of Accounting, 2009, 44 (2): 113 - 137.

[60]代冰彬，陆正飞，张然. 资产减值:稳健性还是盈余管理[J]. 会计研究，2007 (12): 34 - 42.

[61]ANEREWS R. Fair Value, Earnings Management and Asset Impairment: The Impact of a Change in the Regulatory Environment[J]. Procedia Economics and Finance, 2012(2): 16 - 25.

[62]LASKARIDOU E C, VAZAKIDIS A. Detecting Asset Impairment Management: Some Evidence from Food and Beverage Listed Companies[J]. Procedia Technology, 2013(8): 493 - 497.

[63]ROYCHOWDHURY S. Earnings Management through Real Activities Manipulation [J]. Journal of Accounting and Economics, 2006, 42 (3): 334 - 370.

[64]李彬，张俊瑞. 真实活动盈余管理的经济后果研究——以费用操控为例[J]. 华东经济管理，2009(2): 71 - 76.

[65]CAMPA D, HAJBABA A. Do targets grab the cash in takeovers: The role of earnings management[J]. International Review of Financial Analysis,

2016(44)：56－64.

[66]GRAHAM J R，HARVEY C R，RAJGOPAL S. The Economic Implications of Corporate Financial Reporting[J]. Journal of Accounting and Economics，2005(40)：3－73.

[67]KOUAIB A，JARBOUI A. Real earnings management in innovative firms：Does CEO profile make a difference? [J]. Journal of Behavioral and Experimental Finance，2016(12)：40－54.

[68]GUNNY K. What Are the Consequences of Real Earnings Management? [Z]. Haas School of Business University of California，Berkeley，2005：1－46.

[69]COOK K A，HUSTON G R，KINNEY M R. Managing Earnings by Manipulating Inventory：The Effects of Cost Structure and Inventory Valuation Method[J]. Social Science Electronic Publishing，2007(7)：1－50.

[70]LI C，TSENG Y，CHEN T K. Top management team expertise and corporate real earnings management activities[J]. Advances in Accounting，2016(34)：117－132.

[71]ELDENBURG L，GUNNY K，HEE K，et al. Earnings Management through Real Activities Manipulation：Evidence from Nonprofit Hospitals [Z]. University of Arizona，2007：1－40.

[72]LIAO T L，LIN W C. Product market competition and earnings management around open-market repurchase announcements[J]. International Review of Economics & Finance，2016(44)：187－203.

[73]BADRINATH S G，FERLING R L，VARAIYA N P. Share Repurchase：To Buy or not to Buy[J]. Financial Executive，2001，17 (17)：43－48.

[74]SUN J，LIU G. Does analyst coverage constrain real earnings management? [J]. The Quarterly Review of Economics and Finance，2016(59)：131－140.

[75]JONES J J. Earnings Management During Import Relief Investigations[J]. Journal of Accounting Research，1991，29 (2)：193－228.

[76]DECHOW P M，SLOAN R G，SWEENEY A R. Detecting Earnings Management[J]. The Accounting Review，1995，70 (2)：193－225.

[77]KOTHARI S P，LEONE A J，WASLEY C E. Performance Matched Discretionary Accrual Measures[J]. Journal of Accounting and Economics，2005，39 (1)：163－197.

[78]CAMPA D，CAMACHO-MIÑANO M-d-M. The impact of SME's pre-bankruptcy financial distress on earnings management tools[J]. Internation-

al Review of Financial Analysis，2015(42)：222－234.

[79]MCNICHOLS M，WILSON G P. Evidence of earnings management from the provision for bad debts[J]. Journal of Accounting Research，1988，26 (Supplement)：1－31.

[80]SHRIEVES R E，DAHL D. Discretionary Accounting and the Behavior of Japanese Banks under Financial Duress[J]. Journal of Banking & Finance，2003，27 (7)：1219－1243.

[81]SHEN C H，LUO F，HUANG D. Analysis of earnings management influence on the investment efficiency of listed Chinese companies[J]. Journal of Empirical Finance，2015(34)：60－78.

[82]BURGSTAHLER D，DICHEV I. Earnings Management to Avoid Earnings Decreases and Losses[J]. Journal of Accounting and Economics，1997，24 (1)：99－126.

[83]FAN J P H，WONG T J. Corporate Ownership Structure and the Informativeness of Accounting Earnings in East Asia[J]. Journal of Accounting and Economics，2002，33 (3)：401－425.

[84]PEASNELL K，POPE P，YOUNG S. Board Monitoring and Earnings Management：Do Outside Directors Influence Abnormal Accruals? [J]. Journal of Business Finance & Accounting，2005，32 (7－8)：1311－1346.

[85]MULYADI M S，ANWAR Y. Corporate Governance，Earnings Management and Tax Management[J]. Procedia - Social and Behavioral Sciences，2015(177)：363－366.

[86]RIWAYATI H E，MARKONAH，SILADJAJA M. Implementation of Corporate Governance Influence to Earnings Management[J]. Procedia - Social and Behavioral Sciences，2016,219：632－638.

[87]FRANCIS J R，KRISHNAN J. Accounting Accruals and Auditor Reporting Conservatism[J]. Contemporary Accounting Research，1999，16 (1)：134－165.

[88]李维安，王新汉，王威. 盈余管理与审计意见关系的实证研究——基于非经营性收益的分析[J]. 财经研究，2004(11)：126－135.

[89]LIBBY R，RENNEKAMP K M，SEYBERT N. Regulation and the interdependent roles of managers，auditors，and directors in earnings management and accounting choice[J]. Accounting，Organizations and Society，2015 (47)：24－42.

[90]BRYAN D B，MASON T W. The influence of earnings management conducted through the use of accretive stock repurchases on audit fees[J]. Advances in Accounting，2016(34)：99－109.

[91]EWERT R, WAGENHOFER A. Economic Effects of Tightening Accounting Standards to Restrict Earnings Management[J]. The Accounting Review, 2005, 80 (4): 1101-1124.

[92]王建新. 长期资产减值转回研究——来自中国证券市场的经验证据[J]. 管理世界, 2007(03): 42-50.

[93]FORNARO J M, HUANG H W. Further evidence of earnings management and opportunistic behavior with principles-based accounting standards: The case of conditional asset retirement obligations[J]. Journal of Accounting and Public Policy, 2012, 31 (2): 204-225.

[94]TEOH S H, WELCH I, WONG T J. Earnings Management and the Long-Run Market Performance of Initial Public Offerings[J]. The Journal of Finance, 1998, 53 (6): 1934-1974.

[95]CHEN K C W, YUAN H. Earnings Management and Capital Resource Allocation: Evidence from China's Accounting-based Regulation of Rights Issue[J]. Accounting Review, 2004, 79 (3): 644-665.

[96]陆正飞, 魏涛. 配股后业绩下降:盈余管理后果与真实业绩滑坡[J]. 会计研究, 2006(8): 52-59.

[97]MCLEAN R D, ZHANG T, ZHAO M. Why Does the Law Matter? Investor Protection and Its Effects on Investment, Finance, and Growth[J]. Journal of Finance, 2012, 67 (1): 313-350.

[98]FIGGE F, HAHN T. Value drivers of corporate eco-efficiency: Management accounting information for the efficient use of environmental resources [J]. Management Accounting Research, 2013, 24 (4): 387-400.

[99]计方, 刘星. 集团控制、融资优势与投资效率[J]. 管理工程学报, 2014(01): 26-29,38.

[100]TSIONAS E G, ASSAF A G, Matousek R. Dynamic technical and allocative efficiencies in European banking[J]. Journal of Banking & Finance, 2015, 52 (1): 130-139.

[101]HOU K, VAN DIJK M A, ZHANG Y. The implied cost of capital: A new approach[J]. Journal of Accounting and Economics, 2012, 53 (3): 504-526.

[102]BARTH J R, LIN C, MA Y, et al. Do bank regulation, supervision and monitoring enhance or impede bank efficiency[J]. Journal of Banking & Finance, 2013, 37 (8): 2879-2892.

[103]BALAKRISHNAN K, CORE J E, VERDI R S. The Relation between reporting quality and financing and investment: Evidence from Changes in Financing Capacity

[J]. Journal of Accounting Research, 2014, 52 (1): 1 - 36.
[104]WANG K, HUANG W, WU J, et al. Efficiency measures of the Chinese commercial banking system using an additive two-stage DEA[J]. Omega, 2014, 44 (0): 4 - 20.
[105]MOUSAVI M M, OUENNICHE J, XU B. Performance evaluation of bankruptcy prediction models: An orientation-free super-efficiency DEA-based framework[J]. International Review of Financial Analysis, 2015, Forthcoming.
[106]DEGEORGE F, PATEL J, ZECKHAUSER R. Earnings Management to Exceed Thresholds[J]. Journal of Business, 1999, 72 (1): 1 - 33.
[107]BARTON J, SIMKO P J. The Balance Sheet as An Earnings Management Constraint[J]. The Accounting Review, 2002, 77 (Supplement): 1 - 27.
[108]ARNALDI S. Exploring imaginative geographies of nanotechnologies in news media images of Italian nanoscientists[J]. Technology in Society, 2014(37): 49 - 58.
[109]GELDES C, FELZENSZTEIN C, TURKINA E, et al. How does proximity affect interfirm marketing cooperation? A study of an agribusiness cluster[J]. Journal of Business Research, 2015, 68 (2): 263 - 272.
[110]LUTA E, BENDER M, ACHLEITNER A K, et al. Importance of spatial proximity between venture capital investors and investees in Germany[J]. Journal of Business Research, 2013, 66 (11): 2346 - 2354.
[111]EL G S, GUEDHAMI O, NI Y, et al. Does Information Asymmetry Matter to Equity Pricing? Evidence from Firms' Geographic Location[J]. Contemporary Accounting Research, 2013, 30 (1): 140.
[112]王玉涛，陈晓，侯宇. 国内证券分析师的信息优势：地理邻近性还是会计准则差异[J]. 会计研究，2010(12)：34 - 40.
[113]宋玉，沈吉，范敏虹. 上市公司的地理特征影响机构投资者的持股决策吗？——来自中国证券市场的经验证据[J]. 会计研究，2012(7)：72 - 79.
[114]BLISS M A, GUL F A. Political connection and cost of debt: Some Malaysian evidence[J]. Journal of Banking & Finance, 2012, 36 (5): 1520 - 1527.
[115]TU G, LIN B, LIU F. Political connections and privatization: Evidence from China [J]. Journal of Accounting and Public Policy, 2013, 32 (2): 114 - 135.
[116]DU X, XIU Z. Institutional Environment, Blockholder Characteristics and Ownership Concentration in China[J]. China Journal of Accounting Research, 2009, 2 (2): 27 - 57.

[117]辛清泉，谭伟强．市场化改革、企业业绩与国有企业经理薪酬[J]．经济研究，2009(11)：68－81.

[118]陈冬华，梁上坤，蒋德权．不同市场化进程下高管激励契约的成本与选择：货币薪酬与在职消费[J]．会计研究，2010(11)：56－64,97.

[119]O'CONNOR T, KINSELLA S, O'SULLIVAN V. Legal protection of investors, corporate governance, and investable premia in emerging markets [J]. International Review of Economics & Finance, 2014(29): 426－439.

[120]YILDIZ H E. Not All Differences Are the Same: Dual Roles of Status and Cultural Distance in Sociocultural Integration in Cross-border M & As[J]. Journal of International Management, 2014, 20 (1): 24－37.

[121]WATTS R L, ZIMMERMAN J L. Positive Accounting Theory: A Ten Year Perspective[J]. The Accounting Review, 1990, 65 (1): 131－156.

[122]FUNG S Y K, GOODWIN J. Short-term debt maturity, monitoring and accruals-based earnings management [J]. Journal of Contemporary Accounting & Economics, 2013, 9 (1): 67－82.

[123]GE W, KIM J B. Real earnings management and the cost of new corporate bonds[J]. Journal of Business Research, 2014, 67 (4): 641－647.

[124]魏明海．盈余管理基本理论及其研究述评[J]．会计研究，2000(9)：37－42.

[125]SHU P G, CHIANG S J. Firm size, timing, and earnings management of seasoned equity offerings[J]. International Review of Economics & Finance, 2014, 29 (0): 177－194.

[126]AHARONY J, WANG J, YUAN H. Tunneling as an incentive for earnings management during the IPO process in China[J]. Journal of Accounting and Public Policy, 2010, 29 (1): 1－26.

[127]NWAEZE E T. Are incentives for earnings management reflected in the ERC: Large sample evidence[J]. Advances in Accounting, 2011, 27 (1): 26－38.

[128]GONG G, LOUIS H, SUN A X. Earnings management, lawsuits, and stock-for-stock acquirers' market performance[J]. Journal of Accounting and Economics, 2008, 46 (1): 62－77.

[129]曾昭灶，李善民．控制权转移中的盈余质量实证研究[J]．管理评论，2009(07)：104－112.

[130]ABARBANELL J, LEHAVY R. Biased forecasts or biased earnings? The role of reported earnings in explaining apparent bias and over/underreaction in analysts' earnings forecasts[J]. Journal of Accounting and Economics,

2003, 36 (1-3): 104-146.

[131]BAIK B, JIANG G. The use of management forecasts to dampen analysts' expectations[J]. Journal of Accounting and Public Policy, 2006, 25 (5): 531-553.

[132]KROSS W J, RO B T, SUK I. Consistency in meeting or beating earnings expectations and management earnings forecasts[J]. Journal of Accounting and Economics, 2011, 51 (1-2): 37-57.

[133]CICCONE S J. Trends in analyst earnings forecast properties[J]. International Review of Financial Analysis, 2005, 14 (1): 1-22.

[134]CHAROENWONG C, JIRAPORN P. Earnings Management to Exceed Thresholds: Evidence from Singapore and Thailand[J]. Journal of Multinational Financial Management, 2009, 19 (3): 221-236.

[135]何威风，熊回，玄文琪. 晋升激励与盈余管理行为研究[J]. 中国软科学，2013(10): 111-123.

[136]BAKER T A, MARTIN D R, REITENGA A L. Employee stock options and pro forma earnings management[J]. Advances in Accounting, 2002(19): 1-26.

[137]NAGAR V, NANDA D, WYSOCKI P. Discretionary disclosure and stock-based incentives[J]. Journal of Accounting and Economics, 2003, 34 (1-3): 283-309.

[138]吕长江，赵宇恒. 国有企业管理者激励效应研究——基于管理者权力的解释[J]. 管理世界，2008(11): 99-109.

[139]IBRAHIM S, LLOYD C. The association between non-financial performance measures in executive compensation contracts and earnings management[J]. Journal of Accounting and Public Policy, 2011, 30 (3): 256-274.

[140]AHMED K, GODFREY J M, SALEH N M. Market perceptions of discretionary accruals by debtrenegotiating firms during economic downturn[J]. The International Journal of Accounting, 2008, 43 (2): 114-138.

[141]ZHANG Y, UCHIDA K, BU H. How do accounting standards and insiders' incentives affect earnings management? Evidence from China[J]. Emerging Markets Review, 2013, 16 (0): 78-99.

[142]吴联生，薄仙慧，王亚平. 避免亏损的盈余管理程度：上市公司与非上市公司的比较[J]. 会计研究，2007(02): 44-51.

[143]孟焰，袁淳，吴溪. 非经常性损益、监管制度化与ST公司摘帽的市场反应[J]. 管理世界，2008(08): 33-39.

[144]ROGERS J L, SKINNER D J, VAN BUSKIRK A. Earnings guidance and market uncertainty[J]. Journal of Accounting and Economics, 2009, 48 (1): 90-109.

[145]PEROLS J L, LOUGEE B A. The relation between earnings management and financial statement fraud[J]. Advances in Accounting, 2011, 27 (1): 39 - 53.

[146]ChENG C S A, HSIEH S J. Value relevance of the earnings impact of lease capitalization[J]. Advances in Accounting, 2000, 17 (1): 31 - 64.

[147]POWELL R, THOMAS W B, BAINBRIDGE T. Depreciation and the market's valuation of earnings[J]. Advances in Accounting, 2001(18): 221 - 236.

[148]LIN K Z. The impact of tax holidays on earnings management: An empirical study ofcorporate reporting behavior in a developing-economy framework[J]. The International Journal of Accounting, 2006, 41 (2): 163 - 175.

[149]CAZAVAN-JENY A, JEANJEAN T, JOOS P. Accounting choice and future performance: The case of R&D accounting in France[J]. Journal of Accounting and Public Policy, 2011, 30 (2): 144 - 165.

[150]王跃堂，周雪，张莉. 长期资产减值:公允价值的体现还是盈余管理行为[J]. 会计研究，2005(8)：30 - 36.

[151]MASTERS-STOUT B, COSTIGAN M L,LOVATA L M. Goodwill impairments and chief executive officer tenure[J]. Critical Perspectives on Accounting, 2008, 19 (8): 1370 - 1383.

[152]GE W, DRURY D H, FORTIN S,et al. Value relevance of disclosed related party transactions[J]. Advances in Accounting, 2010, 26 (1): 134 - 141.

[153]ELITZUR R. The accounting art of war: Bounded rationality, earnings management and insider trading[J]. Journal of Accounting and Public Policy, 2011, 30 (3): 203 - 216.

[154]JONES K L,KRISHNAN G V, MELENDREZ K D. Do Models of Discretionary Accruals Detect Actual Cases of Fraudulent and Restated Earnings? An Empirical Analysis[J]. Contemporary Accounting Research, 2008, 25 (2): 499 - 531.

[155]GAO P. A measurement approach to conservatism and earnings management[J]. Journal of Accounting and Economics, 2013, 55 (2-3): 251 - 268.

[156]NELSON K K. Rate Regulation, Competition, and Loss Reserve Discounting by Property-Casualty Insurers[J]. The Accounting Review, 2000, 75 (1): 114 - 138.

[157]AGARWAL S,CHOMSISENGPHET S, LIU C,et al. Earnings management behaviors under different economic environments: Evidence from Japanese banks[J]. International Review of Economics & Finance, 2007, 16 (3): 429 - 443.

[158]BURGSTAHLER D C, EAMES M J. Earnings Management to Avoid Losses and Earnings Decreases: Are Analysts Fooled? [J]. Contemporary Accounting Research, 2003, 20 (2): 253 - 294.

[159]CHEN S K, LIN B X, WANG Y, et al. The frequency and magnitude of earnings management: Time-series and multi-threshold comparisons[J]. International Review of Economics & Finance, 2010, 19 (4): 671 - 685.

[160]WU R S. Predicting earnings management: A nonlinear approach[J]. International Review of Economics & Finance, 2014, 30 (1): 1 - 25.

[161]薄仙慧，吴联生. 国有控股与机构投资者的治理效应:盈余管理视角[J]. 经济研究，2009(02)：81 - 91,160.

[162]GUTHRIE K, SOKOLOWSKY J. Large shareholders and the pressure to manage earnings[J]. Journal of Corporate Finance, 2010, 16 (3): 302 - 319.

[163]姜付秀，朱冰，唐凝. CEO和CFO任期交错是否可以降低盈余管理？[J]. 管理世界，2013(01)：158 - 167.

[164]BROWN N C, POTT C, WÖMPENER A. The effect of internal control and risk management regulation on earnings quality: Evidence from Germany[J]. Journal of Accounting and Public Policy, 2014, 33 (1): 1 - 31.

[165]CARAMANIS C, LENNOX C. Audit effort and earnings management[J]. Journal of Accounting and Economics, 2008, 45 (1): 116 - 138.

[166]KANAGARETNAM K, LIM C Y, LOBO G J. Auditor reputation and earnings management: International evidence from the banking industry [J]. Journal of Banking & Finance, 2010, 34 (10): 2318 - 2327.

[167]毛新述，戴德明. 会计制度改革、盈余稳健性与盈余管理[J]. 会计研究，2009(12)：38 - 46,96.

[168]CANACE T G, CAYLOR M L, JOHNSON P M, et al. The effect of Regulation Fair Disclosure on expectations management: International evidence [J]. Journal of Accounting and Public Policy, 2010, 29 (5): 403 - 423.

[169]HWANG N C R, CHIOU J R, WANG Y C. Effect of disclosure regulation on earnings management through related-party transactions: Evidence from Taiwanese firms operating in China[J]. Journal of Accounting and Public Policy, 2013, 32 (4): 292 - 313.

[170]李延喜，陈克兢，姚宏，等. 基于地区差异视角的外部治理环境与盈余管理关系研究——兼论公司治理的替代保护作用[J]. 南开管理评论，2012(04)：89 - 100.

[171]FUNG S Y, SU L, GUL R J. Investor legal protection and earnings man-

agement: A study of Chinese H-shares and Hong Kong shares[J]. Journal of Accounting and Public Policy, 2013, 32 (5): 392 - 409.

[172] CHUNG H, SHEU H J, WANG J L. Do firms' earnings management practices affect their equity liquidity? [J]. Finance Research Letters, 2009, 6 (3): 152 - 158.

[173] ADUT D, HOLDER A D, ROBIN A. Predictive versus opportunistic earnings management, executive compensation, and firm performance[J]. Journal of Accounting and Public Policy, 2013, 32 (3): 126 - 146.

[174]张俊瑞，李彬，刘东霖. 真实活动操控的盈余管理研究——基于保盈动机的经验证据[J]. 数理统计与管理，2008，27 (5)：918 - 927.

[175]李彬，张俊瑞. 现金流量管理与实际活动操控关系研究[J]. 预测，2010 (1)：60 - 65.

[176] COHEN D A, ZAROWIN P. Accrual-based and real earnings management activities around seasoned equity offerings[J]. Journal of Accounting and Economics, 2010, 50 (1): 2 - 19.

[177]李增福，黄华林，连玉君. 股票定向增发、盈余管理与公司的业绩滑坡——基于应计项目操控与真实活动操控方式下的研究[J]. 数理统计与管理，2012(05)：941 - 950.

[178]蔡春，朱荣，和辉，等. 盈余管理方式选择、行为隐性化与濒死企业状况改善——来自A股特别处理公司的经验证据[J]. 会计研究，2012(09)：31 - 39,96.

[179] FRANZEN L, RADHAKRISHNAN S. The value relevance of R&D across profit and loss firms[J]. Journal of Accounting and Public Policy, 2009, 28 (1): 16 - 32.

[180] SEYBERT N. R&D Capitalization and Reputation-Driven Real Earnings Management[J]. The Accounting Review, 2010, 85 (2): 671 - 693.

[181] HERRMANN D, INOUE T, THOMAS W B. The Sale of Assets to Manage Earnings in Japan[J]. Journal of Accounting Research, 2003, 41 (1): 89 - 108.

[182]白云霞，王亚军，吴联生. 业绩低于阈值公司的盈余管理——来自控制权转移公司后续资产处置的证据[J]. 管理世界，2005(5)：134 - 143.

[183]王福胜，程富，吉姗姗. 基于资产处置的盈余管理研究[J]. 管理科学，2013 (05)：73 - 86.

[184] BROCKMAN P, KHURANA I K, MARTIN X. Voluntary disclosures around share repurchases[J]. Journal of Financial Economics, 2008, 89

(1)：174－191.

[185]CHAN K, IKENBERRY D L, LEE I, et al. Share repurchases as a potential tool to mislead investors[J]. Journal of Corporate Finance, 2009, 16 (2)：137－158.

[186]FARRELL K, UNLU E, YU J. Stock repurchases as an earnings management mechanism：The impact of financing constraints[J]. Journal of Corporate Finance, 2014(25)：1－15.

[187]BURNETT B M, CRIPE B M, MARTIN G W, et al. Audit Quality and the Trade-Off between Accretive Stock Repurchases and Accrual-Based Earnings Management[J]. The Accounting Review, 2012, 87 (6)：1861－1884.

[188]范经华，张雅曼，刘启亮. 内部控制、审计师行业专长、应计与真实盈余管理[J]. 会计研究，2013(04)：81－88,96.

[189]COHEN D A, DEY A, LYS T Z. Real and Accrual-Based Earnings Management in the Pre- and Post-Sarbanes-Oxley Periods[J]. The Accounting Review, 2008, 83 (3)：757－787.

[190]于忠泊，田高良，齐保垒，等. 媒体关注的公司治理机制——基于盈余管理视角的考察[J]. 管理世界，2011(09)：127－140.

[191]KIM J B, SOHN B C. Real earnings management and cost of capital[J]. Journal of Accounting and Public Policy, 2013, 32 (6)：518－543.

[192]TAYLOR G K, XU R Z. Consequences of real earnings management on subsequent operating performance[J]. Research in Accounting Regulation, 2010, 22 (2)：128－132.

[193]OSMA B G. Board Independence and Real Earnings Management：The Case of R&D Expenditure[J]. Corporate Governance：An International Review, Forthcoming, 2008, 16 (2)：116－131.

[194]BARR N. Economics of the Welfare State[M]. Oxford：Oxford University Press, 1987.

[195]NORTH D C. Institutions, Institutional Change and Economic Performance[M]. Cambridge：Cambridge University Press, 1990.

[196]CHEN Y, DJAMASBI S, DU J, et al. Integer-valued DEA super-efficiency based on directional distance function with an application of evaluating mood and its impact on performance[J]. International Journal of Production Economics, 2013, 146 (2)：550－556.

[197]RICHARDSON S. Over-Investment of Free Cash Flow[J]. Review of Accounting Studies, 2006, 11 (2－3)：159－189.

[198]何瑛，张大伟. 管理者特质、负债融资与企业价值[J]. 会计研究，2015(08)：64－72,97.

[199]张一林，樊纲治. 信贷紧缩、企业价值与最优贷款利率[J]. 经济研究，2016(06)：71－82.

[200]JARBOUI S，FORGET P，BOUJELBENE Y. Transport firms' inefficiency and managerial optimism：A stochastic frontier analysis[J]. Journal of Behavioral and Experimental Finance，2014，3 (1)：41－51.

[201]刘孟飞，陈喜萌，吴勋. 中国境内内、外资银行的技术效率与生产率比较研究[J]. 管理工程学报，2015,(01)：128－134,121.

[202]OUYANG X，SUN C. Energy savings potential in China's industrial sector：From the perspectives of factor price distortion and allocative inefficiency[J]. Energy Economics，2015，48 (1)：117－126.

[203]刘星，代彬，郝颖. 高管权力与公司治理效率——基于国有上市公司高管变更的视角[J]. 管理工程学报，2012(01)：1－12.

[204]韩忠雪，崔建伟，王闪. 技术高管提升了企业技术效率吗？[J]. 科学学研究，2014(04)：559－568.

[205]CHEN S，SUN Z，TANG S，et al. Government intervention and investment efficiency：Evidence from China[J]. Journal of Corporate Finance，2011，17 (2)：259－271.

[206]陈艳利，乔菲，孙鹤元. 资源配置效率视角下企业集团内部交易的经济后果——来自中国资本市场的经验证据[J]. 会计研究，2014(10)：28－35,96.

[207]CHUNG H H，WYNN J P，YI H. Litigation risk，accounting quality，and investment efficiency[J]. Advances in Accounting，2013，29 (2)：180－185.

[208]杜兴强，赖少娟，杜颖洁. "发审委"联系、潜规则与 IPO 市场的资源配置效率[J]. 金融研究，2013(03)：143－156.

[209]MORADI-MOTLAGH A，BABACAN A. The impact of the global financial crisis on the efficiency of Australian banks[J]. Economic Modelling，2015，Forthcoming.

[210]TROPE Y，LIBERMAN N. Temporal construal[J]. Psychological Review，2003，110 (3)：403－421.

[211]LIBERMAN N，TROPE Y. The psychology of transcending the here and now[J]. Science，2008，322 (5905)：1201－1205.

[212]DRUCKER P F. Harvard business review on knowledge management[M]. Massachusetts：Harvard Business Press，1998.

[213]SVEIBY K E, LIOYD T. Managing knowhow[M]. London: Bloomsbury Publishing, 1987.

[214]GRANOVETTER M. Economic action and social structure: The problem of embeddedness[J]. American Journal of Sociology, 1985, 91 (3): 481－510.

[215]HESS M. "Spatial"relationships? Towards a reconceptualization of embeddedness[J]. Progress in Human Geography, 2004, 28 (2): 164－186.

[216]HAGEDOORN J. Understanding the cross-level embeddedness of interfirm partnership formation [J]. Academy of Management Review, 2006, 31 (3): 670－680.

[217]AKERLOF G A. The market for "lemons": Quality uncertainty and the market mechanism[J]. The Quarterly Journal of Economics, 1970,84(3): 488－500.

[218]STIGLITZ J E, Weiss A. Credit rationing in markets with imperfect information[J]. The American Economic Review, 1981, 71 (3): 393－410.

[219]SPENCE A M. Market signaling: Informational transfer in hiring and related screening processes [M]. Cambridge: Harvard University Press, 1974.

[220]COASE R H. The nature of the firm[J]. Economica, 1937, 4 (16): 386－405.

[221]WILLIAMSON O E. Markets and hierarchies[J]. New York, 1975, 63 (2): 26－30.

[222]DAHLMAN C J. The problem of externality[J]. The Journal of Law and Economics, 1979, 22 (1): 141－162.

[223]阿尔弗雷德·马歇尔. 经济学原理[M]. 北京：商务印书馆，1965.

[224]LEIBENSTEIN H. Allocative efficiency vs. "X-efficiency"[J]. The American Economic Review, 1966, 56 (3): 392－415.

[225]CHANDLER A D. The visible hand[M]. Cambridge: Harvard University Press, 1993.

[226]PENROSE E T. The theory of the growth of the firm[M]. New York: Sharpe Publications, 1959.

[227]WERNERFELT B. A resource-based view of the firm[J]. Strategic Management Journal, 1984, 5 (2): 171－180.

[228]BARNEY J B. Organizational culture: can it be a source of sustained competitive advantage? [J]. Academy of Management Review, 1986, 11 (3): 656－665.

[229]PETERAF M A. The cornerstones of competitive advantage: a resource-

based view[J]. Strategic Management Journal，1993，14 (3)：179－191.

[230]GRANT R M. Toward a knowledge-based theory of the firm[J]. Strategic Management Journal，1996，17 (S2)：109－122.

[231]COSO. 企业风险管理:整合框架[M]. 大连：东北财经大学出版社，2005.

[232]俞国琴. 国内外产业转移理论回顾与评述[J]. 长江论坛，2007(5)：31－38.

[233]施祖麟. 区域经济发展：理论与实证[M]. 北京：社会科学文献出版社，2007.

[234]亚当・斯密. 国富论(上、下)[M]. 北京：华夏出版社，2013.

[235]胡海鸥. "逆向选择"和"道德风险"定义考[J]. 经济论坛，2003(10)：29.

[236]约翰・伊特韦尔，默里・米尔盖特，彼得・纽曼. 新帕尔格雷夫经济学大辞典:第三卷[专著]：K-P[M]. 北京：经济科学出版社，1996.

[237]JENSEN M C. Agency costs of free cash flow，corporate finance，and takeovers[J]. The American Economic Review，1986，76 (2)：323－329.

[238]MYERS S C. Determinants of corporate borrowing[J]. Journal of Financial Economics，1977，5 (2)：147－175.

[239]DALEY L A，VIGELAND R L. The Effects of Debt Covenants and Political Costs on the Choice of Accounting Methods：The Case of Accounting for R&D Costs[J]. Journal of Accounting and Economics，1983(5)：194－211.

[240]叶丰滢. 新经济形式下长期股权投资盈余管理初探[J]. 财会月刊，2008(28)：54－55.

[241]ERICKSON M，WANG S W. Earnings Management by Acquiring Firms in Stock for Stock Mergers[J]. Journal of Accounting and Economics，1999，27 (2)：149－176.

[242]朱桂芳，宋希亮，杨远. 企业合并会计处理中的盈余管理研究[J]. 税务研究，2008(11)：84－87.

[243]COHEN D，MASHRUWALA R，ZACH T. The Use of Advertising Activities to Meet Earnings Benchmarks：Evidence from Monthly Data[J]. Review of Accounting Studies,2010,15(4):808－832.

[244]李彬，张俊瑞. 销售操控与未来经营业绩关系研究:来自中国证券市场的证据[J]. 经济问题探索，2009(3)：157－162.

[245]BARTOV E. The Timing of Asset Sales and Earnings Manipulation[J]. The Accounting Review，1993，68 (4)：840－855.

[246]BRAV A，GRAHAM J R，HARVEY C R,et al. Payout Policy in the 21st Century[J]. Journal of Financial Economics，2005，77 (3)：483－527.

[247]SUNDER S. Theory of Accounting and Control[M]. Cincinnati：South-

Western College Publishing, 1997.

[248]LAMBERT R A. Contracting theory and accounting[J]. Journal of Accounting and Economics, 2001, 32 (1-3): 3-87.

[249]李彬，张俊瑞，郭慧婷. 会计弹性与真实活动操控的盈余管理关系研究[J]. 管理评论，2009，21 (6)：99-107.

[250]RIEDL E J. An Examination of Long-lived Asset Impairment[J]. The Accounting Review, 2003, 79 (3): 823-852.

[251]YAMAMOTO T. Asset Impairment Accounting and Appraisers: Evidence from Japan[J]. Appraisal Journal, 2008, 76 (2): 179-188.

[252]JO H, KIM Y. Big Bath and Earnings Management[J]. Journal of International Finance and Economics, 2007, 1 (1): 56-70.

[253]COHEN D, ZAROWIN P. Economic Consequences of Real and Accrual-Based Earnings Management Activities[Z]. New York University, 2008.

[254]TEOH S H, WELCH I, WONG T J. Earnings Management and the Long-run Underperformance of Seasoned Equityofferings[J]. Journal of Financial Economics, 1998(50): 63-100.

[255]RANGAN S. Earnings Management and the Performance of Seasoned Equity Offerings[J]. Journal of Financial Economics, 1998, 50 (1): 101-122.

[256]SHIVAKUMAR L. Do Firms Mislead Investors by Overstating Earnings before Seasoned Equity Offerings? [J]. Journal of Accounting and Economics, 2000, 29 (3): 339-371.

[257]FISCHER P E, VERRECCHIA R E. Reporting Bias[J]. The Accounting Review, 2000, 75 (2): 229-245.

[258]洪剑峭，娄贺统. 会计准则导向和会计监管的一个经济博弈分析[J]. 会计研究，2004(1)：28-32.

[259]WANG S, D'SOUZA J M. Earnings Management: The Effect of Accounting Flexibility on R&D Investment Choices[J]. Social Science Electronic Publishing, 2006(1): 1-40.

[260]陈文斌，陈超. 新股上市后盈利能力下滑及募集资金使用分析[J]. 管理科学学报，2007，(4)：49-55.

[261]BENS D A, NAGAR V, WONG M H F. Real Investment Implications of Employee Stock Option Exercises[J]. Journal of Accounting Research, 2002, 40 (2): 359-393.

[262]DECHOW P M, KOTHARI S P, WATTS R L. The Relation between Earnings and Cash Flows[J]. Journal of Accounting and Economics, 1998,

25 (2): 133 - 168.

[263]BERNARD V L,STOBER T L. The Nature and Amount of Information in Cash Flows and Accruals[J]. The Accounting Review, 1989, 64 (4): 624 - 652.

[264]PINDYCK R S, RUBINFELD D L. Econometric Models and Economic Forecasts[M]. BeiJing: China Machine Press, 1998.

[265]PINDYCK R S. 计量经济模型与经济预测[M]. 钱小军,等,译. 北京:机械工业出版社,1999.

[266]CHEN Q, HEMMER T, ZHANG Y. On the Relation between Conservatism in Accounting Standards and Incentives for Earnings Management [J]. Journal of Accounting Research, 2007, 45 (3): 541 - 565.

[267]DEANGELO L E. Accounting Numbers as Market Valuation Substitutes: A Study of Management Buyouts of Public Stockholders[J]. The Accounting Review, 1986, 61 (3): 400 - 420.

[268]刘星,陈丽蓉,刘斌,等. 非审计服务影响注册会计师独立性吗?——来自中国证券市场的经验数据[J]. 会计研究,2006(7): 30 - 37.

[269]MCNICHOLS M F. Research Design Issues in Earnings Management Studies [J]. Journal of Accounting and Public Policy, 2000, 19 (4 - 5): 313 - 345.

[270]张俊瑞,李彬. 企业生命周期与盈余管理关系研究——来自中国制造业上市公司的经验证据[J]. 预测,2009,28 (2): 16 - 20.

[271]DECHOW P M, SLOAN R G, HUTTON A P. Causes and Consequences of Earnings Manipulation: An Analysis of Firms Subject to Enforcement Actions by the SEC[J]. Contemporary Accounting Research, 1996, 13 (1): 1 - 36.

[272] KASZNIK R. On the Association Between Voluntary Disclosure and Earnings Management[J]. Journal of Accounting Research, 1999, 37 (1): 57 - 81.

[273]GLAUM M,LICHTBLAU K, LINDEMANN J. The Extent of Earnings Management in the U. S. and Germany[J]. Journal of International Accounting Research, 2004, 3 (2): 44 - 58.

[274]BECKER C L,DEFOND M L, JAMES J,et al. The Effect of Audit Quality on Earnings Management[J]. Contemporary Accounting Research, 1998, 15 (1): 1 - 21.

[275]CHEN C J P, CHEN S, SU X. Profitability Regulation,Earnings Management,and Modified Audit Opinions:Evidence from China[J]. Auditing: A Journal of Practice & Theory, 2001, 20 (2): 9 - 30.

[276]李维安,王新汉,王威. 盈余管理对审计意见的影响[J]. 财经论丛,2005

(1)：78－85.

[277]HENINGER W G. The Association between Auditor Litigation and Abnormal Accruals[J]. The Accounting Review，2001，76 (1)：111－126.

[278]毛洪涛，吴将君. 股权集中度与盈余管理相关性实证研究——来自深市A股市场的经验证据[J]. 财会通讯(学术版)，2007(4)：13－15.

[279]王亮飞，潘宁. 会计盈余的及时性、股权集中度与公司特征[J]. 财贸研究，2006(5)：123－130.

[280] WOOLDRIDGE J M. Introductory Econometrics：A Modern Approach [M]. Mason，Ohio：Thomson South-Western，2003.

[281]郭志刚. 社会统计分析方法——SPSS软件应用[M]. 北京：中国人民大学出版社，2004.

[282]薛薇. SPSS统计分析方法及应用[M]. 北京：电子工业出版社，2004.

[283]HIGGINS H N. Do stock-for-stock merger acquirers manage earnings? Evidence from Japan[J]. Journal of Accounting and Public Policy，2013，32 (1)：44－70.

[284]AMOAH N Y，TANG A P. Board，audit committee and restatement-induced class action lawsuits[J]. Advances in Accounting，2010，26 (2)：155－169.

[285]RAN G，FANG Q，LUO S，et al. Supervisory board characteristics and accounting information quality：Evidence from China[J]. International Review of Economics & Finance，2015，Forthcoming.

[286]ALI A，ZHANG W. CEO tenure and earnings management[J]. Journal of Accounting and Economics，2015，59 (1)：60－79.

[287]陈关亭，朱松，黄小琳. 审计师选择与会计信息质量的替代性研究——基于稳健性原则对信用评级影响视角[J]. 审计研究，2014(05)：77－85.

[288]KIM C，PANTZALIS C，Park J C. Political geography and stock returns：The value and risk implications of proximity to political power[J]. Journal of Financial Economics，2012，106 (1)：196 － 228.

[289]ANTIA M，KIM I，PANTZALIS C. Political geography and corporate political strategy[J]. Journal of Corporate Finance，2013，22 (1)：361－374.

[290]SUBRAMANYAM K R. The Pricing of Discretionary Accruals[J]. Journal of Accounting and Economics，1996，22 (1－3)：249－281.

[291]TUCKER J W，ZAROWIN P A. Does Income Smoothing Improve Earnings Informativeness [J]. The Accounting Review，2006，81 (1)：251－270.